职业教育新能源汽车类"岗课赛证"融通系列教材

U0683611

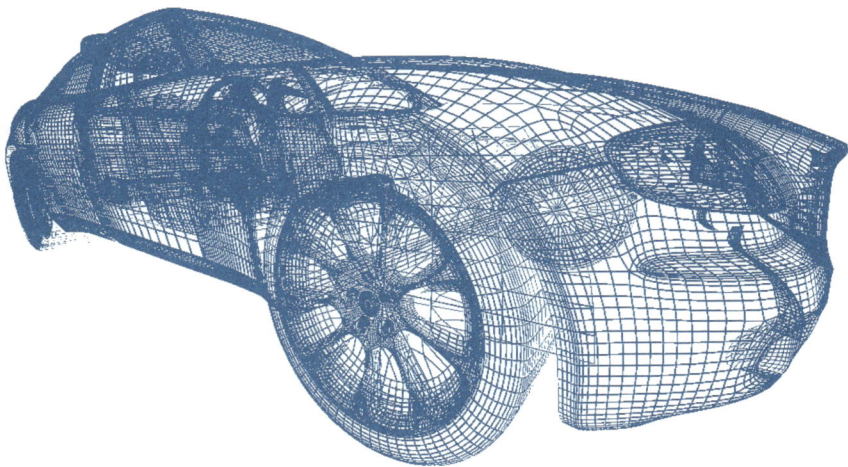

新能源汽车动力蓄电池及管理技术

主　编　宋志良　孙凤霞　胡望琴
副主编　刘秋生　李　健　韩卫东
　　　　李　活
参　编　范　武　蔡　辉　孙　全
　　　　李　鹏　曹一胜　周继鹏
　　　　朱鹏翔　王　鹏　杨林菠
主　审　李　洁
浙江吉利控股集团有限公司　组编

中国教育出版传媒集团

高等教育出版社·北京

内容简介

本书是"岗课赛证"综合育人模式下，围绕典型工作任务设计的教材，全书共有 4 个项目、12 个学习任务。

本书全面、系统地介绍了新能源汽车动力蓄电池及相关高压部件操作必备的安全知识与操作规范，以及动力蓄电池、电池管理系统、充电系统的相关知识和技能。主要内容包括新能源汽车结构原理与安全防护、新能源汽车动力蓄电池、新能源汽车电池管理系统、新能源汽车充电系统。

本书提供了丰富的教学资源，包括微课视频、知识动画、实操视频、教学课件等，视频类资源可通过扫描书上的二维码在线学习，全部资源可通过智慧职教平台（www.icve.com.cn）上的"新能源汽车动力蓄电池及管理技术"在线课程进行学习，详见"智慧职教"服务指南。

本书通俗易懂、图文并茂，利于激发学习兴趣，在注重知识系统化的同时，有机融入劳动精神、劳模精神和工匠精神，实现价值塑造、能力培养与知识传授精密结合。本书适合作为职业院校新能源汽车类专业课程教材及汽车类"1+X"证书培训教材使用，还可供在职的汽车维修企业从业人员及其他汽车行业从业人员阅读参考。授课教师如需本书的教学课件等资源，可发送邮件至 gzjx@ pub. hep. cn 获取。

图书在版编目（C I P）数据

新能源汽车动力蓄电池及管理技术／宋志良，孙凤霞，胡望琴主编；浙江吉利控股集团有限公司组编. --北京：高等教育出版社，2023. 9（2024.7重印）
ISBN 978-7-04-060601-0

Ⅰ.①新⋯　Ⅱ.①宋⋯　②孙⋯　③胡⋯　④浙⋯　Ⅲ.①新能源-汽车-蓄电池-高等职业教育-教材　Ⅳ.①U469.703

中国国家版本馆 CIP 数据核字（2023）第 098995 号

XINNENGYUAN QICHE DONGLI XUDIANCHI JI GUANLI JISHU

策划编辑	姚　远	责任编辑	姚　远	封面设计	赵　阳	版式设计	童　丹
责任绘图	易斯翔	责任校对	吕红颖	责任印制	刘弘远		

出版发行	高等教育出版社	网　址	http://www.hep.edu.cn
社　址	北京市西城区德外大街4号		http://www.hep.com.cn
邮政编码	100120	网上订购	http://www.hepmall.com.cn
印　刷	天津鑫丰华印务有限公司		http://www.hepmall.com
开　本	787 mm×1092 mm　1/16		http://www.hepmall.cn
印　张	13.25		
字　数	310 千字	版　次	2023 年 9 月第 1 版
购书热线	010-58581118	印　次	2024 年 7 月第 2 次印刷
咨询电话	400-810-0598	定　价	38.60 元

"智慧职教"服务指南

"智慧职教"（www.icve.com.cn）是由高等教育出版社建设和运营的职业教育数字教学资源共建共享平台和在线课程教学服务平台，与教材配套课程相关的部分包括资源库平台、职教云平台和App等。用户通过平台注册，登录即可使用该平台。

● 资源库平台：为学习者提供本教材配套课程及资源的浏览服务。

登录"智慧职教"平台，在首页搜索框中搜索"新能源汽车动力蓄电池及管理技术"，找到对应作者主持的课程，加入课程参加学习，即可浏览课程资源。

● 职教云平台：帮助任课教师对本教材配套课程进行引用、修改，再发布为个性化课程（SPOC）。

1. 登录职教云平台，在首页单击"新增课程"按钮，根据提示设置要构建的个性化课程的基本信息。

2. 进入课程编辑页面设置教学班级后，在"教学管理"的"教学设计"中"导入"教材配套课程，可根据教学需要进行修改，再发布为个性化课程。

● App：帮助任课教师和学生基于新构建的个性化课程开展线上线下混合式、智能化教与学。

1. 在应用市场搜索"智慧职教icve"App，下载安装。

2. 登录App，任课教师指导学生加入个性化课程，并利用App提供的各类功能，开展课前、课中、课后的教学互动，构建智慧课堂。

"智慧职教"使用帮助及常见问题解答请访问help.icve.com.cn。

前　言

当前，全球新一轮科技革命和产业变革蓬勃发展，汽车与能源、交通、信息通信等领域有关技术加速融合，电动化、智能化、网联化成为汽车产业的发展潮流和趋势。新能源汽车融汇新能源、新材料和互联网、大数据、人工智能等多种变革性技术，推动汽车从单纯交通工具向智能终端转变。党的十八大以来，我国深入推进实施新能源汽车国家战略，强化顶层设计和创新驱动，产业发展从小到大、从弱到强，成为引领全球汽车产业转型升级的重要力量。

2020年10月20日，国务院印发《新能源汽车产业发展规划（2021—2035年）》，规划明确指出：到2025年，我国新能源汽车新车销售量达到汽车新车销售总量的20%左右，高度自动驾驶汽车实现限定区域和特定场景商业化应用。到2035年，纯电动汽车成为新销售车辆的主流，公共领域用车全面电动化，高度自动驾驶汽车实现规模化应用，新能源汽车核心技术达到国际先进水平，质量品牌具备较强国际竞争力。目前，我国已连续多年位居全球新能源汽车产销第一大国。据中国汽车工业协会统计显示，2022年我国新能源汽车持续爆发式增长，产、销分别完成705.8万辆和688.7万辆，同比分别增长96.9%和93.4%，连续8年保持全球第一。在国家政策的驱动下，新能源汽车得到了飞速的发展，由此带来新能源汽车行业大量的生产、销售、维修及其他各方面的人才需求。因此，新时代新能源汽车类专业高素质技术技能人才的培养任重道远，职业院校亟须加快培育新能源汽车类专业人才，为今后的新能源汽车行业提供充足的高素质技术技能人才保障。

为满足职业教育的迫切需求，对接当前汽车产业发展需求，深化产教融合、校企合作，由浙江吉利控股集团有限公司牵头，联合北京百通科信机械设备有限公司，组织新能源汽车领域专家及职业院校资深教师编写了本书。

本书以党的二十大精神为引领，深入贯彻党的二十大关于"加快建设国家战略人才力量，努力培养造就更多大国工匠、高技能人才"和"推进教育数字化，建设全民终身学习的学习型社会、学习型大国"的精神，精心设计教学内容和数字化教学资源，以利于培养德技并修的高素质技术技能人才。本书注重"岗课赛证"融通，融合企业典型岗位、职业技能大赛、职业技能等级证书考核、职业培训等多元要素，构建了新的课程内容体系，以学生为主体，教师为主导，按照完整的工作过程组织学习过程，强调工作过程的完整性，即经过任务目标、任务导入、知识准备、任务实训、知识拓展和任务练习的完整工作过程，将学习、工作过程以及学生的能力培养联系起来，满足教学课前、课中、课后三段式学习，从理论到实操再到应用，突破教学重、难点，逐步提高。本书积极践行课程思政理念，将"环保理念""制造强国""劳模精神""工匠精神"等育人元素有机融入，旨在让学生了解工匠事迹、领会工匠精神，以便今后在工作岗位上努力朝着"大国工匠"的目标前进。同时，借助"互联网+"技术，在相关知识点处以二维码的形式链接微课，有助于相关知识点的学习与理解，使教材内容呈现立体化、可视化。

本书由江西应用职业技术学院宋志良、黑龙江农业工程职业学院孙凤霞、江西新能源科技职业学院胡望琴担任主编，由吉利人才发展集团有限公司李洁主审，由江西应用职业技术学院刘秋生、江西新能源科技职业学院李健、黑龙江农业工程职业学院韩卫东、江西应用技术职业学院李活担任副主编，参加编写的还有吉利汽车集团有限公司范武、蔡辉等。本书在编写过程中，得到了浙江吉利控股集团有限公司、北京百通科信机械设备有限公司等单位的大力支持以及其他众多企业一线专家的帮助、指导，参考和采用了许多相关专业文献资料和专家的建议，在此一并表示感谢！

由于时间仓促和编者水平有限，书中难免出现不当之处，敬请广大读者批评指正。

编　者

2023 年 4 月 23 日

目　录

项目一 ▶▶▶

新能源汽车结构原理与安全防护

▶ **项目描述**

与传统汽车不同，新能源汽车主要是通过电机、动力蓄电池和电控单元（ECU）等来实现车辆的工作和能量输出。其主要核心部件具有高压，会对人体造成伤害。因此，新能源汽车维修人员在对车辆进行保养、维修时需要熟悉其结构原理，并做好自身安全防护，采用专业的工具和设备，必须严格按照规范的操作流程进行断电操作。

本项目主要学习新能源汽车结构原理与安全防护，分为以下两个任务：

任务一　新能源汽车结构原理认知

任务二　高压安全防护与中止检验

通过对两个任务的学习，可以了解新能源汽车结构及工作原理，掌握新能源汽车安全防护设备的使用及高压中止与检验操作方法。

任务一　新能源汽车结构原理认知

任务目标

● 知识目标

1. 掌握新能源汽车的定义及类型；
2. 掌握新能源汽车的结构原理；
3. 了解新能源汽车的特点。

● 能力目标

1. 能够描述不同类型新能源汽车的工作原理；
2. 能够准确识别新能源汽车各部件总成；
3. 能够描述新能源汽车主要部件的安装位置。

● 素养目标

1. 培养互相交流、沟通以及阅读资料、自主学习的能力；
2. 培养认真负责的工作态度和一丝不苟的工作作风；
3. 培养爱岗敬业、团结协作、勇于创新的精神，增强安全意识。

任务导入

任务情境：当一位客户来 4S 店向你咨询新能源汽车相关信息，并询问新能源汽车与燃油汽车相比有何不同时，你应该如何解决客户的相关疑问，使客户决定购买新能源汽车意向。

任务分析：为了更好地解答客户的疑问，作为学徒的你特意向师傅请教新能源汽车的结构、工作原理以及特点等相关知识。

知识准备

引导问题 1：什么是新能源汽车，它是如何分类的？其中，纯电动汽车又是如何工作的？

2017 年 1 月 17 日，工业与信息化部公布《新能源汽车生产企业及产品准入管理规定》第 39 号令，该规定指出，新能源汽车是指采用新型动力系统，完全或者主要依靠新型能源驱动的汽车，包括插电式混合动力（含增程式）汽车、纯电动汽车和燃料电池汽车等。

2020 年 11 月 2 日，国务院办公厅印发的《新能源汽车产业发展规划（2021—2035 年》明确，将深化"三纵三横"研发布局：以纯电动汽车、插电式混合动力

（含增程式）汽车、燃料电池汽车为"三纵"，布局整车技术创新链；以动力电池与管理系统、驱动电机与电力电子、网联化与智能化技术为"三横"，构建关键零部件技术供给体系。

一、纯电动汽车

1. 纯电动汽车的定义

根据国家标准 GB/T 19596-2017《电动汽车术语》中的规定，纯电动汽车（Battery Electric Vehicle，BEV）是指驱动能量完全由电能提供的、由电机驱动的汽车。电机的驱动电能来源于车载可充电储能系统或其他能量储存装置。图 1-1-1 所示为纯电动汽车的基本结构。

图 1-1-1　纯电动汽车的基本结构

2. 纯电动汽车的结构

传统燃油汽车一般由发动机、底盘、车身和电气设备 4 部分组成。

① 发动机一般由两大机构、四大系统或五大系统构成。两大机构是指曲柄连杆机构和配气机构，五大系统是指燃料供给系统、冷却系统、润滑系统、起动系统、点火系统（柴油机没有点火系统）。

② 底盘的作用是支承、安装汽车发动机及其各部件、总成，形成汽车的整体造型，并接收发动机的动力，使汽车产生运动，保证汽车正常行驶。底盘一般由传动系统、行驶系统、转向系统和制动系统 4 部分组成。

③ 车身安装在底盘的车架上，用来供驾驶人、旅客乘坐或用来装载货物。轿车、客车的车身一般为整体结构，货车的车身一般由驾驶室和货箱两部分组成。

④ 电气设备由电源和用电设备两大部分组成。电源包括蓄电池和发电机，用电设备包括发动机的起动系统、点火系统（汽油机）、灯光照明和其他用电装置。

纯电动汽车是采用动力蓄电池作为唯一动力源的汽车。它利用动力蓄电池作为储能动力源，通过动力蓄电池向驱动电机提供电能，使驱动电机运转，从而带动汽车前进或后退。与传统汽车相比，纯电动汽车取消了发动机，其动力系统替换为电力驱动控制系统。因此，纯电动汽车由电力驱动控制系统、底盘、车身、电气设备 4 部分组成。除电力驱动控制系统外，其他部分的功能及其结构与传统燃油汽车基本相近，不过有些部件根据驱动方式不同，已经简化或省去了。

其中，电力驱动控制系统的组成与工作原理如图 1-1-2 所示，它由电力驱动主模块、车载电源模块和辅助模块 3 部分组成。

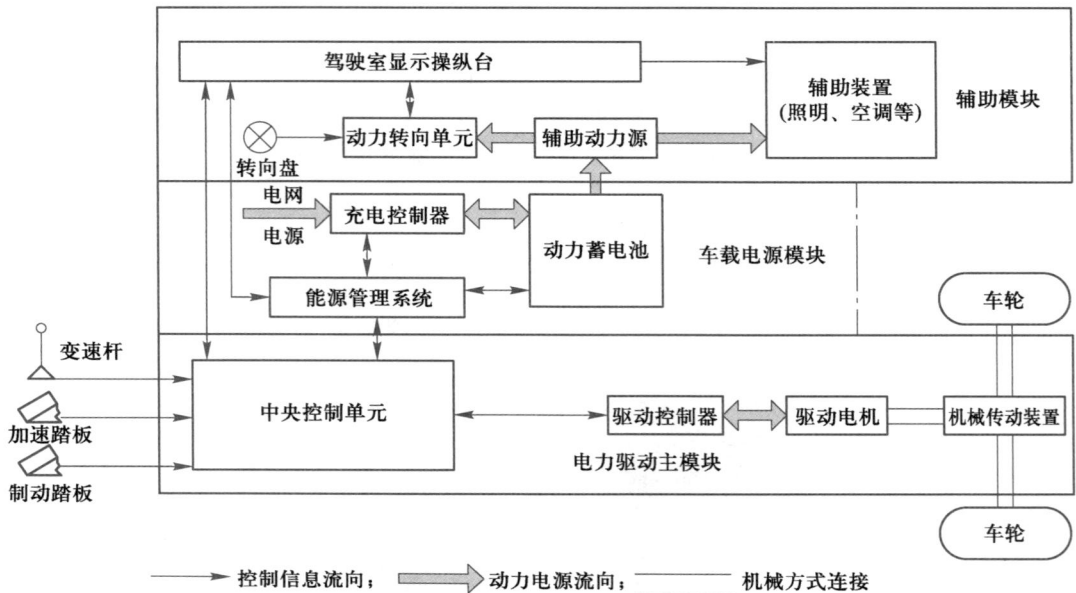

图 1-1-2   电力驱动控制系统的组成与工作原理

3. 纯电动汽车的工作原理

当汽车起动，驾驶人踩住加速踏板时，来自加速踏板的信号输入中央控制单元，驱动控制器接收中央控制单元发出的相应控制指令，对驱动电机的速度、驱动转矩和旋转方向进行控制，驱动电机输出的转矩通过汽车机械传动装置驱动车轮转动。此时，动力蓄电池经功率变换器向驱动电机供电。当驾驶人踩住制动踏板（即刹车）时，驱动电机运行在发电状态，将汽车的部分动能以充电形式回馈给动力蓄电池，从而延长纯电动汽车的续驶里程。

4. 纯电动汽车的特点

（1）纯电动汽车的优点

① 无污染，噪声低。纯电动汽车使用电能，在行驶中无废气排出，不污染环境。纯电动汽车无内燃机产生的噪声，且电机噪声也比内燃机噪声小。

② 能源效率高、多样化。纯电动汽车的能源效率已超过燃油汽车，特别是在城市中运行时。纯电动汽车停止时不消耗电量，在制动过程中，驱动电机可以自动转换为发电机，实现制动减速时能量的回收再利用。电能的来源多样（核电、水电、火电、太阳能、风力发电），纯电动汽车的应用可有效地减少对石油资源的依赖。

③ 结构简单。因使用单一的电能，省去了发动机、变速器和燃油箱等结构。

（2）纯电动汽车的缺点

① 续驶里程短、使用成本高。目前动力蓄电池能量密度较低，导致续驶里程受影响，尽管目前市场上已出现少数续驶达 700 km 的纯电动汽车的车型，但是主流车型的续驶里程依然在 500 km 左右。另外，动力蓄电池成本较高。

② 安全性不足。锂离子动力蓄电池的安全性有待进一步提高。

③ 配套设施不完善。充电站建设力度近年来不断加大，但依然不能满足日益增长的消费者的需求，也不能和加油站的完善程度相比。

引导问题 2：混合动力汽车结构原理较燃油汽车和纯电动汽车有何不同？

二、混合动力汽车

1. 混合动力汽车的定义

根据国家标准 GB/T 19596-2017《电动汽车术语》的规定，混合动力汽车（hybrid electric vehicle，HEV）是指能够至少从下述两类车载储存的能量中获得动力的汽车，即可消耗的燃料、可再充电能/能量储存装置。

从狭义范围上来说，混合动力汽车是指同时装载热动力源与电动力源（动力蓄电池与驱动电机）两种动力源的汽车。热动力源既可以是传统的汽油机或柴油机，也可以是改造后使用其他替代燃料（如压缩天然气、丙烷和乙醇燃料等）的发动机。

从广义范围上来说，混合动力汽车是指装备有两种或两种以上具有不同特点驱动装置的车辆。其驱动装置中有一个是车辆的主要动力来源，它能够提供稳定的动力输出，满足汽车稳定行驶的动力需求。由于发动机在燃油汽车上成功的应用，使之成为一种首选的驱动装置；另外的辅助驱动装置，要求具有良好的变工况特性，能够进行功率的平衡、能量的再生与储存。目前，应用最广的混合动力系统就是油电混合动力系统。

2. 混合动力汽车的类型

根据 QC/T 837—2010《混合动力电动汽车类型》，混合动力汽车的类型如下。

① 按照动力系统结构形式划分，可以分为串联式混合动力汽车、并联式混合动力汽车和混联式混合动力汽车。

串联式混合动力汽车（Series Hybrid Electric Vehicle）是指车辆行驶系统的驱动力只来源于电动机的混合动力汽车。它的典型结构特点是发动机带动发电机发电，电能通过电机控制器输送给驱动电机，由驱动电机驱动汽车行驶。另外，动力蓄电池也可以单独向驱动电机提供电能，来驱动汽车行驶。

并联式混合动力汽车（Parallel Hybrid Electric Vehicle）是指车辆行驶系统的驱动力由驱动电机和发动机同时或单独供给的混合动力汽车。它的典型结构特点是可以单独使用发动机或驱动电机作为动力源，也可以同时使用驱动电机和发动机作为动力源驱动汽车行驶。

混联式混合动力电动汽车（Combined Hybrid Electric Vehicle）是指具备串联式和并联式两种混合动力系统结构的混合动力汽车。它的典型结构特点是可以在串联混合模式下工作，也可以在并联混合模式下工作，同时兼顾了串联式和并联式的特点。

②按照混合度划分，可以分为微混合型混合动力汽车、轻度混合（弱混合）型混合动力汽车、中度混合型混合动力汽车和重度混合（强混合）型混合动力汽车。

微混合型混合动力汽车是指以发动机为主要动力源，驱动电机作为辅助动力，具备制动能量回收功能的混合动力汽车。驱动电机的峰值功率和总功率的比值小于10%。仅具有停车怠速停机功能的汽车也可称为微混合型动力电动汽车。

轻度混合（弱混合）型混合动力汽车是指以发动机为主要动力源，驱动电机作为辅助动力，在车辆加速和爬坡时，驱动电机可向车辆行驶系统提供辅助驱动力矩的混合动力汽车。一般情况下，驱动电机的峰值功率和总功率的比值大于10%。轻度混合型混合动力汽车的驱动电机不能单独驱动车辆行驶。

重度混合（强混合）型混合动力汽车是指以发动机和/或驱动电机为动力源，一般情况下，驱动电机的峰值功率和总功率的比值大于30%，且驱动电机可以独立驱动车辆行驶的混合动力电动汽车。

③按照外接充电能力划分，可以分为可外接充电型混合动力汽车和不可外接充电型混合动力汽车。

可外接充电型混合动力汽车是指一种被设计成可以在正常使用情况下从非车载装置中获取能量的混合动力汽车。需要注意的是，只有当制造厂在其提供的使用说明书或者以其他明确方式推荐或要求进行车外充电时，混合动力汽车方可认为是"外接充电型"的。插电式（plug-in）混合动力汽车属于此类。

不可外接充电型混合动力汽车是指一种被设计成在正常使用情况下从车载燃料中获取全部能量的混合动力汽车，一般称为常规混合动力汽车。

④按照行驶模式的选择方式划分，可以分为有手动选择功能的混合动力汽车和无手动选择功能的混合动力汽车。

有手动选择功能的混合动力汽车是指具备行驶模式手动选择功能的混合动力汽车，车辆可选择的行驶模式包括发动机模式、纯电动模式和混合动力模式三种。

⑤按照车辆用途划分，可以分为混合动力乘用车、混合动力客车和混合动力货车。

⑥按照与发动机混合使用的可再充电能量储存系统划分，可以划分为动力蓄电池式混合动力汽车、超级电容器式混合动力汽车、机电飞轮式混合动力汽车和动力蓄电池与超级电容器组合式混合动力汽车。

3. 混合动力汽车的结构原理

（1）串联式混合动力汽车

串联式混合动力汽车的结构示意图如图1-1-3所示，其主要由发动机、发电机、驱动电机和动力蓄电池等部件组成。所谓"串联"就是将车载能量源和驱动装置"串"在一起，"混合"就是在车载能量源环节的混合，即发动机带动发电机输出的电能和动力蓄电池输出的电能混合。发动机仅仅用于带动发电机发电，发电机发出的电能通过电机控制器直接输送到驱动电机，由驱动电机产生的转矩驱动汽车行驶。在汽车制动或减速时驱动电机可以作为发电机给动力蓄电池充电，以延长汽车的续驶里程。动力蓄电池能够单独向驱动电机提供电能驱动汽车行驶。

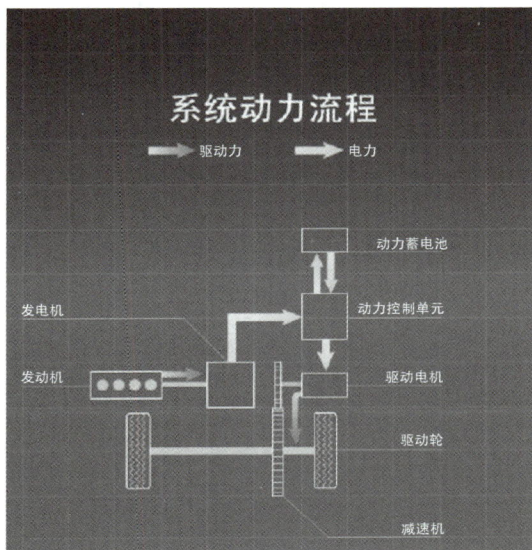

图 1-1-3 串联式混合动力电动汽车的结构示意图

当动力蓄电池有足够的电量且输出功率满足整车需求时，此时串联式混合动力汽车处于纯电驱动状态；当汽车处于加速或上坡等需要更大功率且超出动力蓄电池最大输出功率时，发动机起动，并带动发电机发电，同动力蓄电池组一起为驱动电机提供能量驱动汽车行驶；当动力蓄电池电量在一定范围时，且发动机带动发电机发电输出的功率满足汽车行驶功率需求时，为提高串联式混合动力系统的能量利用效率，此时只由发动机驱动，电能若有多余会向动力蓄电池充电；当汽车减速或制动时，驱动电机会变成发电机运转，并为动力蓄电池充电。

串联式混合动力汽车由于发动机不与驱动系统机械连接，使发动机能够经常保持在稳定、高效、低污染的运转状态，使有害排放气体控制在最低范围。另外，发动机、发电机、驱动电机驱动系统中热能—电能—机械能的能量转换过程中能量损失比较大。

增程式电动汽车在结构原理上就是串联式混合动力汽车。造车新势力"蔚小理"中理想公司的车型理想 L9 即串联式混合动力汽车。

在国家标准 GB/T 19596-2017《电动汽车术语》中将增程式电动汽车作为一个单独的类别，并对其做出定义。增程式电动汽车（Range Extended Electric Vehicle，REEV）是一种在纯电动模式下可以达到其所有的动力性能，而当车载可充电储能系统无法满足续驶里程要求时，打开车载辅助供电装置为动力系统提供电能，延长续驶里程的电动汽车，且该车载辅助供电装置与驱动系统没有传动轴（带）等传动连接。

（2）并联式混合动力汽车

并联式混合动力汽车的结构示意图如图 1-1-4 所示，其主要由发动机、发电机、驱动电机和动力蓄电池等部件组成，并有多种组合形式，可以根据使用要求选择。并联式混合动力系统采用发动机和驱动电机两套独立的驱动系统驱动车轮，可以采用发动机单独驱动、驱动电机单独驱动或发动机和驱动电机混合驱动。当发动机提供的功率大于车辆所需驱动功率时或者当车辆制动时，驱动电机以发电机状态工作，给动力蓄电池充电，发动机和驱动电机的功率可以相互叠加。发动机功率和驱动电机功率均为汽车所需最大驱动功率的 50%～100%，因此可以采用小功率发动机与驱动电机，使整个驱动系统的装配、尺寸和质量都较小，造价也更低。续驶里程也可以比串联式混合动力汽车的长一些，其特点更趋近于燃油汽车。并联式混合动力驱动系统通常被应用在小型混合动力汽车。

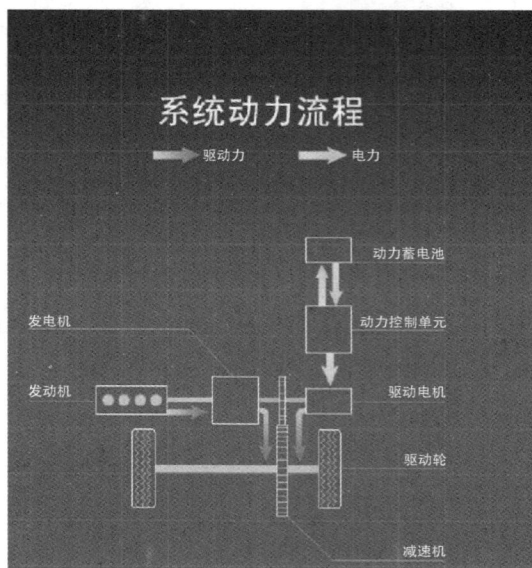

图 1-1-4　并联式混合动力电动汽车的结构示意图

并联式混合动力汽车的发动机和驱动电机通过某种变速装置与驱动桥相连接。驱动电机可以用来平衡发动机所受的载荷，使发动机在高效率区域工作，因为通常发动机在满负荷工作下，燃油经济性最好。当车辆在较小的路面载荷下工作时，发动机的燃油经济性比较差，而并联式混合动力汽车的发动机此时可以关闭，只用驱动电机来驱动汽车，或者增加发动机的负荷，使驱动电机作为发电机直接给动力蓄电池充电以备以后使用（即一边驱动汽车一边充电）。由于并联式混合动力汽车在稳定的高速下发动机具有较高的效率，在高速公路上行驶具有较好的燃油经济性。

（3）混联式混合动力汽车

混联式混合动力驱动系统是串联式混合动力驱动系统与并联式混合动力驱动系统的综合，其结构（功率分流式混联式混合动力驱动系统）如图 1-1-5 所示。

其主要由发动机、发电机、驱动电机、行星齿轮机构和动力蓄电池等部件组成。

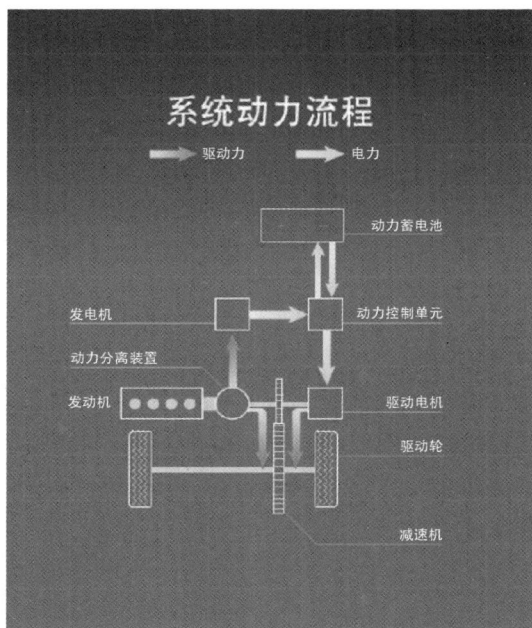

图1-1-5　混联式混合动力电动汽车的结构示意图

发动机产生的功率一部分通过机械传动输送给驱动桥，另一部分则驱动发电机发电，发电机产生的电能输送给驱动电机或动力蓄电池，驱动电机产生的驱动转矩通过动力复合装置传送给驱动桥，混联式混合动力驱动系统的控制策略是：在汽车低速行驶时，驱动系统主要以串联方式工作；当汽车高速稳定行驶时，驱动系统主要以并联方式工作。

4. 混合动力电动汽车的特点

混合动力汽车将发动机、驱动电机、动力蓄电池等组合在一起，它们之间的良好匹配和优化控制，可充分发挥燃油汽车和电动汽车的优点，避免各自的不足，是目前具有实际开发意义的低排放和低油耗汽车。

相比纯电动汽车，混合动力汽车具有以下优点：

① 由于有发动机作为辅助动力，对于动力蓄电池的能量和功率要求降低，动力蓄电池的数量减少和质量减小，汽车自身质量也会减轻，动力蓄电池体积也可以减小，汽车自由空间增多。

② 汽车的续驶里程和动力性可达到燃油汽车的水平。

③ 借助发动机的动力，可带动空调、真空助力、转向助力及其他辅助电器，无须消耗动力蓄电池有限的电能，从而保证了驾驶和乘坐的舒适性。

④ 动力蓄电池在使用过程中浅充浅放，可以延长动力蓄电池的使用寿命。

⑤ 混合动力汽车中发动机可以向动力蓄电池充电，在动力蓄电池电量不足且充电条件不具备的情况下，依旧可以照常行驶。

相比燃油汽车，混合动力汽车具有以下优点：

① 可使发动机在最佳工况区域稳定运行，避免或减少了发动机变工况下的不良运行，使发动机的排放和油耗大为降低。

② 在人口密集的地方可用纯电动方式驱动车辆，实现零排放。

③ 可通过驱动电机提供动力，因此可配备功率较小的发动机，并可通过驱动电机回收汽车减速和制动时的能量，进一步降低了汽车的能量消耗和排放。

引导问题 3：什么是燃料电池汽车？其结构原理有何不同？

三、燃料电池汽车

1. 燃料电池汽车的定义

根据国家标准 GB/T 19596－2017《电动汽车术语》的规定，燃料电池汽车（Fuel Cell Electric Vehicle，FCEV）是指以燃料电池系统作为单一动力源或者是以燃料电池系统与可充电储能系统作为混合动力源的电动汽车。

2. 燃料电池汽车的分类

（1）按燃料来源分类

按燃料来源分类，燃料电池汽车可以分为直接燃料电池汽车和重整燃料电池汽车。

① 直接燃料电池汽车的燃料主要为氢燃料，其排放物无污染，被认为是最理想的取代燃油汽车的汽车，但是存在氢燃料制取、储存、运输困难等缺点。

② 重整燃料电池汽车的燃料类型有汽油、天然气、甲醇、甲烷、液化石油气等，燃料来源广，但结构要比直接燃料电池汽车复杂得多。直接燃料电池汽车比重整燃料电池汽车对储存燃料装置要求高，但结构简单、质量轻、能量效率高、成本较低。因此，目前燃料电池汽车都是以纯氢作为能源。

（2）按燃料氢的储存方式分类

按燃料氢的储存方式分类，燃料电池汽车可以分为压缩氢燃料电池汽车、液氢燃料电池汽车和合金（碳纳米管）吸附氢燃料电池汽车。

（3）按有无辅助动力源分类

按有无辅助动力源分类，可以分为纯燃料电池（PFCV）汽车和燃料电池混合动力汽车（FCHEV），燃料电池混合动力汽车可以分为燃料电池与辅助蓄电池联合驱动（FC+B）式燃料电池汽车、燃料电池与超级电容器联合驱动（FC+C）式燃料电池汽车和燃料电池与辅助蓄电池和超级电容器联合驱动（FC+B+C）式燃料电池汽车。

3. 燃料电池汽车的结构原理

根据国家标准 GB/T 24548—2009《燃料电池电动汽车　术语》，燃料电池电动汽车各部分构成的框图如图 1-1-6 所示。

燃料电池动力系统包括燃料电池系统、DC-DC 转换器、驱动电机及其控制系统和车载储能装置。

燃料电池系统（燃料电池发动机）包括燃料电池堆和燃料电池辅助系统，在外接氢源的条件下可以正常工作。

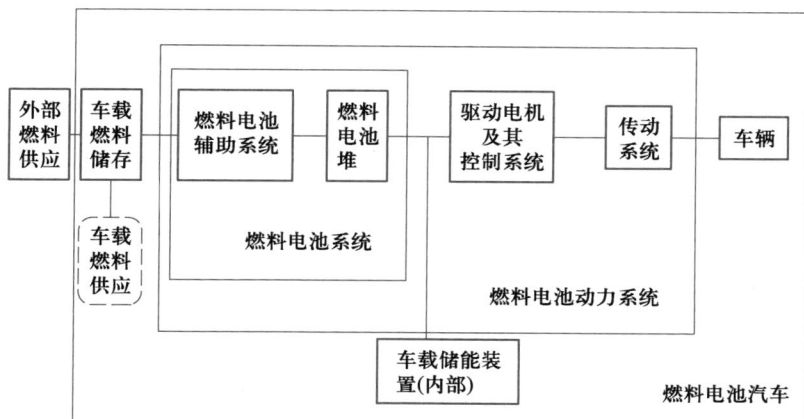

图 1-1-6　燃料电池电动汽车系统框图

燃料电池堆由多个单体电池、隔板、冷却板和歧管等构成，而且把富氢气体和空气进行电化学反应生成直流电，并同时产生热、水等其他副产物。

燃料电池辅助系统包括空气供应系统、燃料供应系统（或氢气供应系统）、水/热管理系统、控制系统和安全保障系统等。

车载供氢系统是指燃料电池汽车上燃料经过的所有零部件的集合，包括储氢容器、压力调节装置、管路及附件等。

车载储能装置一般为辅助蓄电池或者超级电容单一装置，或二者都有。

燃料电池电动汽车工作时作为燃料的氢气在燃料电池堆中，与大气中的氧气发生氧化还原化学反应，产生出电能来带动驱动电机工作，由驱动电机带动汽车中的机械传动结构，进而驱动电动汽车前进，燃料电池的反应结果会产生极少的二氧化碳和氮氧化物，副产物主要是水。

4. 燃料电池汽车的特点

燃料电池汽车与燃油汽车、纯电动汽车相比具有以下优点：

① 能量转换效率高。

② 绿色环保。

③ 运行噪声低。

④ 续驶里程长。

⑤ 过载能力强。

⑥ 设计灵活方便。

虽然燃料电池汽车的优点很明显，但是其缺点对其推广使用也有很大影响，其主要缺点如下：

① 燃料电池价格过高。

② 燃料电池用氢的制备、储存困难。

③ 辅助设施不完善、建设成本昂贵。

④ 起动时间长，系统抗振能力有待进一步提高。

🏠 **任务实训**

实训　吉利几何 A 纯电动汽车整车结构认识实训

1. 实训要求

① 能认识并正确指出吉利几何 A 纯电动汽车（以下简称"几何 A"）的各组成部分。

② 能简单介绍各组成部分的功用。

③ 能介绍纯电动汽车的优点。

2. 实训准备

① 安全防护装备：绝缘地垫、绝缘手套、防护眼镜、绝缘帽、劳动保护手套等。

② 车辆、台架、总成：几何 A 车辆。

③ 专用工具、设备：举升机。

④ 手工工具：新能源汽车维修组合工具。

⑤ 辅助材料：高压维修设备及警告牌、隔离带、二氧化碳灭火器、清洁剂。

3. 注意事项

① 在实训过程中，不要上电，最好能断开负极，且等待 10 min。

② 在认识各部件安装位置时，禁止插拔插接件。

③ 车辆停在举升机上时，在车底观察动力蓄电池和驱动电机等部件时，要戴好安全帽。

④ 隔离设备、工位，禁止无关人员进入。

4. 实施步骤

（1）认识前机舱

打开几何 A 前机舱，如图 1-1-7 所示，前机舱中装有驱动电机、电机控制器（MCU）、DC-DC 转换器、车载充电机（OBC）、PTC 加热器、冷却系统等。

图 1-1-7　几何 A 前机舱

（2）找出充电插座

几何 A 在右前翼子板上装有交流充电插座（慢充接口），如图 1-1-8 所示；在左后翼子板上装有直流充电插座（快充接口），如图 1-1-9 所示。

图 1-1-8　几何 A 交流充电插座

图 1-1-9　几何 A 直流充电插座

（3）观察动力蓄电池

几何 A 的动力蓄电池安装在车底，从车尾也很容易看到，如图 1-1-10 所示。

动力蓄电池

图 1-1-10　几何 A 动力电池的安装位置

5. 实训工单

任务一： 新能源汽车结构原理认知	小组人员：	
班级：	学号：	指导教师签字：
日期：		
实训 吉利几何 A 纯电动汽车整车结构认识实训		
VIN：	年次：	动力电池总电压：

实训要求：
① 能认识并正确指出吉利几何 A 纯电动汽车（以下简称"几何 A"）的各组成部分。
② 能简单介绍各组成部分的功用。
③ 能介绍纯电动汽车的优点。
戴好安全帽

1. 工具、量具

2. 维修资料及辅助材料

3. 制订工作计划及人员分工

4. 工作现场安全准备、检查

5. 本次任务结果

6. 现场整理、清洁

7. 本次任务存在的问题及解决方法

国内五家自主品牌混合动力系统的介绍

2021 年，是混合动力系统爆发的一年，各家车企陆续公布了自己的混合动力系统。本文简要介绍比亚迪、长安、长城、奇瑞、吉利这五家主流的自主品牌混合动力系统技术，见表 1-1-1。

表 1-1-1　自主品牌混合动力系统对比表

品牌	比亚迪	长城	长安	吉利	奇瑞
混合动力系统名称	DM-i 混合动力系统	柠檬 DHT 混合动力系统	蓝鲸 i-DD 混合动力系统	雷神智擎 Hi·X 混合动力系统	鲲鹏混合动力系统
混合动力结构	混联结构	混联结构	并联结构	并联结构	混联结构
结构特点	以电为主，发动机为辅，发动机可直驱	双电机混联混动，配两档变速器	P2 串联架构，电机放在发动机和离合器之间	全速域并联	前桥发动机+混合动力构型鲲鹏 DHT 系统，后桥配有单电机
变速器	单挡直驱	2 挡 DHT	蓝鲸6速混合动力变速器	DHT Pro（3挡变速器）	11 个组合挡位
发动机类型	1.5/1.5Ti	1.5L/1.5T	1.5T	1.5TD	2.0TGDI
发动机最高热效率	43.04%	45%	45%	43.32%	45%
发动机最大功率/kW	102	115	125	110	187
发动机峰值扭矩/N·m	231	235	260	225	390
电机最大功率/kW	160	130	85	—	—
电机峰值/N·m	325	300	330	320	—
电池容量/(kW·h)	8.3~21.5	13~45	30.74	—	—
纯电续驶/km	51~120	110~204	130	—	100
亏电/(L/100km)	3.8	4.4	5	3.6	小于5
满油满电综合续驶里程/km	1200	1000	1100	1300	1000

1. 比亚迪 DM-i 混合动力系统

比亚迪的 DM-i 混合动力系统关键组成部分是专用的高效发动机+EHS 电混系统+控制系统+刀片电池，整车驱动方式以电为主。

DM-i 混合动力系统的工作模式有以下四种：

① EV 纯电驱动模式：起步或中低速时，发动机不起动，由驱动电机单独驱动车辆以纯电模式行驶，充分发挥驱动电机大转矩、高效率、低噪声的优势。

② HEV 串联模式：中高速行驶时，发动机工作在最经济转速区间，带动发电机进行发电，电能驱动驱动电机，维持电量平衡。当发电机供电不足时由动力蓄

电池向驱动电机补充电能；当发电机供电充足时，额外的电能向动力蓄电池充电。

③ HEV 并联模式：高速行驶或大功率输出时，发动机与驱动电机共同驱动车辆。

④ 发动机驱动模式：高速巡航时，离合器接合，发动机工作在最经济转速区间。

这四种工作模式，其实已经覆盖了用户使用车辆的所有场景，基于这套混合动力系统，官方称百公里只需要 3.8 L 的油耗。

2. 长安蓝鲸 i-DD 混合动力系统

长安的蓝鲸 i-DD 混合动力系统在 2021 年 6 月 12 日的重庆车展上发布，号称是全域混合动力解决方案，包括高性能蓝鲸发动机+高效率蓝鲸电驱变速器+超大容量 PHEV 电池+智慧控制系统，将覆盖包括 48 V 轻混、HEV、PHEV 以及 REEV（增程式混动）在内的多种混合动力技术方案，并能以平台化应用于 A 级至 C 级所有车型。

i-DD 混合动力系统集成了 HEV 智能驱动系统，低速时采用驱动电机驱动，中高速时发动机介入，相比同级别传统燃油汽车节油 40%；还可依据实时路况反馈，智能调节动能回收系统，为电驱系统补充更多电量。在综合路况下，蓝鲸 i-DD 混合动力技术最高续驶里程可以达到 1100 km。

3. 长城柠檬混合动力 DHT

在 2020 年年底长城正式发布了柠檬混合动力 DHT 技术。柠檬混合动力 DHT 采用双电机混联拓扑结构，拥有纯电、混联、串联、能量回收等多种工作模式，通过控制系统智能切换。动力架构分为 HEV（油电混合动力）和 PHEV（插电式混合动力）两种。

柠檬混合动力 DHT 特别的点在于采用了高度集成的内燃机+变速器+双电机+控制器的装置，在发动机直驱时，首创两挡发动机直驱，实现全速域范围内效率最高、动力最强。

4. 奇瑞鲲鹏混合动力 DHT

2021 年 4 月在上海车展期间，奇瑞发布旗下混合动力系统——奇瑞鲲鹏动力。星途品牌发布的"星核动力 ET-i 全擎超混"，采用了混联式变速器 DHT，具备 3 擎 3 挡 9 模 11 速的技术优势，具有"强动力、超平顺、长续航、极省油"四大优势。

具体来看，3 擎代表 3 项动力源智能组合；而 3 挡即拥有超高效率的 3 个物理挡位，能够应对的工况更多；9 模就是 9 种工作模式全场景覆盖，包括单/双电机驱动、增程、并联、发动机直驱、单/双电机能量回收、行车/驻车充电 9 种工作模式；11 速表示可实现起步、中低速、高架、超车等 11 种驾驶路况智能切换。奇瑞旗下首批搭载这项混合动力技术的车型包括星途的追风和瑞虎 8 PLUS 鲲鹏 e+。

5. 吉利雷神智擎 Hi·X 混合动力系统

2021 年 10 月 31 日，吉利汽车正式发布了雷神智擎 Hi·X 混合动力平台。该混合动力系列包含 1.5T/2.0T 混合动力专用发动机，以及 DHT/DHT Pro（3 挡变速器）混合动力专用变速器，支持 A0-C 级车型全覆盖，同时涵盖 HEV、PHEV、REEV 等多种混合动力技术。

其中，这台 1.5TD 混合动力专用发动机热效率高达 43.32%，百公里油耗在 3.6 L 左右。作为雷神智擎 Hi·X 另一大核心，DHT Pro 是全球首个量产的 3 挡混合动力变速器，有着质量轻、承受转矩大的特点，且能实现混合动力系统 FOTA 升级。

雷神智擎 Hi·X 混合动力系统首款搭载车型为星越 L 雷神 Hi·X。

任务练习

一、选择题

1. 下列属于目前纯电动汽车常用动力蓄电池的是（　　）。

A. 镍镉电池　　　　B. 锰酸钾电池　　　　C. 锂离子电池　　　D. 镍氢电池

2. 下列不属于混合动力汽车分类的是（　　）。

A. 联合式　　　　　B. 串联式　　　　　　C. 并联式　　　　　D. 混联式

3. 目前最常见的燃料电池汽车是（　　）。

A. PFC 型　　　　　B. FC+B 型　　　　　C. FC+C 型　　　　D. FC+B+C

4. 下列（　　）不属于新能源汽车。

A. 纯电动汽车　　　　　　　　　　　　　B. 插电式混合动力汽车

C. 燃料电池汽车　　　　　　　　　　　　D. 燃油汽车

二、判断题

1. 新能源汽车完全取消了燃油发动机。（　　）

2. 目前市面上见不到燃料电池乘用车。（　　）

3. 纯电动汽车续驶里程短、使用成本高、安全性差。（　　）

4. 纯电动汽车的英文缩写是 BEV。（　　）

三、简答题

1. 混合动力汽车如何分类？

2. 常见的新能源汽车品牌有哪些？

3. 纯电动汽车与燃油汽车相比，有哪些突出特点？

任务二　高压安全防护与中止检验

任务目标

● 知识目标

1. 掌握高压安全防护用具的正确检查与使用方法；

2. 掌握电动汽车高压中止操作流程；

3. 掌握电动汽车高压检验流程。

● 能力目标

1. 能够识别新能源汽车高压安全防护用具；
2. 能够正确检查并使用高压安全防护用具；
3. 能够安全、正确进行高压中止与检验操作。

● 素养目标

1. 培养互相交流、沟通以及阅读资料、自主学习的能力；
2. 培养认真负责的工作态度和一丝不苟的工作作风；
3. 培养爱岗敬业、团结协作、勇于创新的精神，增强安全意识。

任务导入

任务情境： 如果一辆纯电动汽车出现故障后到 4S 店维修，初步判断是某高压部件损坏需维修更换，主管安排你去更换，你能按照标准操作流程安全进行更换吗？在这个过程中有哪些地方需要注意呢？

任务分析： 电动汽车具有高压部件，不正确地操作会对人员造成很大危害，也为了更好地解决故障，身为学徒的你特意向师傅请教了新能源汽车高压、高压防护与高压中止与检验的相关知识。

知识准备

引导问题 1： 新能源汽车为什么要进行高压安全防护？

一、高压

高压在不同的领域有不同的定义，根据 GB/T 2900.50−2008《电工术语　发电、输电及配电　通用术语》中定义规定，低［电］压是指用于配电的交流电力系统中 1000 V 及其以下的电压等级。高［电］压是指配电的交流电力系统中 1000 V 以上电压等级。根据《国家电网公司电力安全工作规程变电部分》（2013 版）规定，低压是指 1000 V 及以下电压等级，高压是指 1000 V 以上电压等级。对于电厂发电和供电来讲，以 6000～7000 V 为界，以上的为高压。在工业上，电压为 380V 或以上的称为高压。

在新能源汽车上，根据国家标准 GB 18384—2020《电动汽车安全要求》，一般将新能源汽车中车辆电压按照类型和数值分为两个安全级别，见表 1-2-1。

表 1-2-1　电 压 等 级

电压等级	最大工作电压 U/V	
	直流	交流（有效值）
A	$0 < U \leqslant 60$	$0 < U \leqslant 30$
B	$60 < U \leqslant 1500$	$30 < U \leqslant 1000$

A 级是较为安全的电压等级，在直流小于或等于 60 V 的情况下；在规定的 150 Hz 频率下，交流低于 25 V 的情况下，该电压下的维护人员不需要采取特殊的防电保护。

B 级对人体会造成伤害，被认为是高压。在该电压下必须采取必要的防护用具对维护人员进行保护，即通常所说的新能源汽车上的高压安全防护。

维修电动汽车的人员必须参加过厂家的电气培训，经过授权可以检修有高压系统的车辆，并负责给车辆设置标志和工作场所的防护。维修高压车辆人员资质如下：

① 获得国家安全监督管理总局电工作业证；

② 经销商内部可以执行车辆高电压系统维修工作的机电维修人员；

③ 参加过电动汽车高压系统维修的资格培训（电动汽车，燃料电池汽车）；

④ 高压维修技师必须参加考试并获得资格证书。

高压维修技师的主要工作主要有断开高压系统供电并检查是否已绝缘；严防高压系统重新合闸；将高压系统接通重新投入使用；对高压系统上的所有作业负责；培训和指导经销商内部所有与高压系统车辆相关人员，使得这些人员在监督下能执行高压相关操作。

引导问题 2：新能源汽车如何进行高压安全防护？

二、高压安全防护用具

虽然新能源汽车有许多安全策略措施，以防止意外触电，但是针对事故车辆、故障车辆以及始终存在高压的动力蓄电池，维修人员必须做好高压安全防护防止出现意外而被高压击伤。

高压安全防护用具包括高压安全警告标识及隔离带、绝缘手套、护目镜、绝缘安全鞋、绝缘安全帽以及绝缘服（非化纤工作服）等。

1. 高压安全警告标识

在高压维修工位或车辆附近放置明显的警告标识（图 1-2-1），防止无关人员进入工位或触摸高压部件发生触电事故，高压部件上也会贴有高压安全警告标识。

图 1-2-1 高压安全警告标识

2. 安全防护用具

（1）专业设备和工具

在新能源汽车的维修过程中，由于有高压部件的存在，必须要有专业的设备和工具来进行高压部件维修，图 1-2-2 所示为绝缘工具和绝缘电阻测试仪。

在新能源汽车维修过程中，为防止意外起火，必须配备灭火器或灭火毯，一般选用二氧化碳灭火器或干粉灭火器，如图 1-2-3 所示。

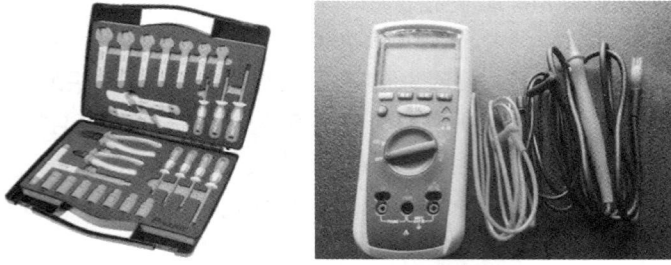

图 1-2-2　绝缘工具和绝缘电阻测试仪

图 1-2-3　二氧化碳灭火器和干粉灭火器

（2）个人防护用具

① 绝缘手套。拆卸及安装高压部件的时候使用绝缘手套，绝缘手套（图 1-2-4）能够承受 1000 V 以上的工作电压，具备抗酸碱性。绝缘手套在使用前应该先检查外观的完好性，外观完好且在使用有效期内，则检查气密性，如漏气则不能使用。

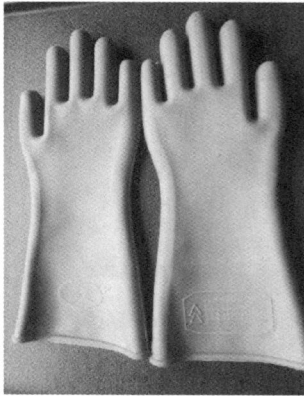

图 1-2-4　绝缘手套

② 护目镜。护目镜如图 1-2-5 所示，除了具有正面防护眼睛和侧面防护功能外，还能防止维修过程中产生的电火花和动力蓄电池的电解液飞溅对眼睛造成的

伤害。护目镜使用前应检查外观是否破损。

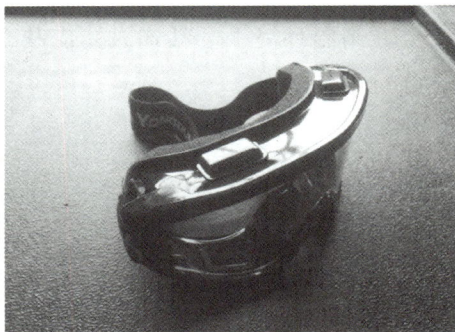

图 1-2-5　护目镜

③ 绝缘安全鞋。绝缘安全鞋如图 1-2-6 所示，其能使人体与地面绝缘，防止电流通过人体与大地之间构成通路，对人体造成电击伤害，把触电时的危险降到最低。

图 1-2-6　绝缘安全鞋

④ 安全帽。在举升车辆、拆卸及安装动力蓄电池时应戴安全帽（图 1-2-7），保护头部安全。使用前应检查安全帽外观是否破损，固定装置是否正常。

图 1-2-7　安全帽

⑤ 绝缘服（非化纤工作服）。维修高压系统时，必须穿非化纤类（纯棉等非化工合成材质）的工作服，如图1-2-8所示。化纤类的工作服会产生静电，并且当发生火灾事故时，化纤会在高温环境下会粘连人体皮肤，导致维护人员发生严重的二次伤害。

图 1-2-8 绝缘服

⑥ 绝缘地垫。绝缘地垫如图1-2-9所示，在使用时要检查有无破损。

图 1-2-9 绝缘地垫

引导问题3：新能源汽车在高压维修中如何进行高压中止与检验操作？

三、高压中止与检验

在维修涉及高压部件的新能源汽车前，务必执行高压中止与检验操作，确认动力蓄电池不再对外输出高压，避免因意外高压触电。

进行新能源汽车以下操作时，要求进行高压中止与检验：

① 保养或维修车辆高压系统。

② 进行救援或事故修复工作。

③ 其他可能接触到高压，但不需要运行高压系统的操作。

高压中止：切断高压。

高压检验：确认操作的部件没有高压。

1. 高压中止

进行高压中止后，车辆除了动力蓄电池外，其他部件应该都不具有高压。高压中止操作步骤如下：

① 将车辆换挡杆切换到 P 挡。

② 确保车辆驻车制动工作可靠。

③ 关闭点火开关。如果采用一键起动按钮的车型，把遥控钥匙拿到离车至少 5 m 远的地方，再次起动车辆，以确认车辆没有钥匙且无法起动。

④ 断开辅助蓄电池负极端子。

⑤ 戴上绝缘手套，拆下维修开关。如果相关车型没有装备维修开关（请参照维修手册确认），除了拆卸低压蓄电池负极桩头外，还应拆卸某一高压部件的互锁开关（如需拆卸高压导线插接器，务必戴上绝缘手套）。

⑥ 等待 5~10 min。高压部件通常安装有电容器，能保持一段时间的高压。必须要等待 5~10 min 或更长时间，使高压部件中的电容器进行放电，才可以继续对车辆进行高压检验操作。

2. 高压检验

高压检验是高压中止以后，利用万用表再次确认需要维修的部件上确实是否有高压。

> **注意**：在检验高压端子期间，必须佩戴好个人安全防护设备。

使用万用表测量高压部件的插接器各个高压端子，在执行高压中止以后，每个端子对车身的电压至少应该小于或等于 3 V，且端子正负极之间的电压也应该小于或等于 3 V。

如果任一被测量的电压值超过 3 V，说明系统内部存在高压黏接的情况，需要由经过特殊培训的工程师来进行处理。

高压检验完成后，可以开始后面的维修，维修完成后，按与拆卸步骤相反的顺序装回，并测试车辆是否正常。

任务实训

实训一　安全防护用具的认识与检查实训

本任务主要是熟悉安全防护用具并能正确对安全防护用具进行检查。

1. 实训要求

① 能够说出各种安全防护用具的名称和功能。

② 能够对各种安全防护用具进行正确检查。

2. 实训准备

① 安全防护用具：安全帽、绝缘手套、绝缘服、绝缘安全鞋、护目镜、警示

围栏、警示牌、绝缘防护用具。

② 专用工具、设备：绝缘工具套装、绝缘钩、放电棒。

3. 注意事项

① 在使用各种安全防护用具过程中要注意轻拿轻放，不要造成人为损坏。

② 检查过程要仔细，遵循检查要求。

4. 实施步骤

（1）绝缘手套检查

① 安全检查。检查绝缘手套上的标识，是否在检验安全期内。

② 外观检查。检查绝缘手套表面是否平滑，内外表面有无针孔、疵点、裂纹、砂眼、杂质、修剪损伤和夹紧痕迹等各种明显缺陷，以及明显的波纹及铸模痕迹，检查内外表面是否干燥。此外，不允许有染料污染痕迹。

③ 气密性检查（图1-2-10）。

a. 捏紧绝缘手套的袖口处，以封住空气。

b. 将绝缘手套的袖口紧密地向绝缘手套指尖方向卷起，仍然捏紧卷起的部分。

c. 确保绝缘手套的手掌区域和指尖区域因空气挤压充入而鼓起。

d. 确保绝缘手套在鼓起后保持充气压力，不漏气，掰开绝缘手套指缝间观察，细听有无漏气声。若绝缘手套未膨胀鼓起，则定位漏气点。

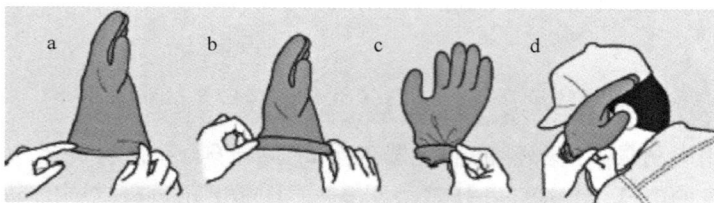

图1-2-10　绝缘手套气密性检查流程

（2）安全帽检查

检查安全帽外观是否破损，帽衬结构是否完整正常，装配是否正常，帽衬调节部分是否卡紧，插口是否牢靠，绳带是否系紧，是否在有效期限内等。

检查"三证"，即生产许可证、产品合格证和安全鉴定证。

检查标识。检查永久性标识和产品说明是否齐全、准确。

检查产品做工。合格的产品做工较细，不会有毛边，且质地均匀。

（3）护目镜检查

检查护目镜镜片是否磨损粗糙，镜架是否损坏。

（4）绝缘安全鞋检查

检查试验合格证是否在有效期内，外观是否清洁，无变形、裂纹、破损，鞋底花纹是否清晰，鞋底是否有穿刺，内外是否干燥。

（5）绝缘服检查

检查绝缘服外观是否有破损，是否清洁。

5. 实训工单

任务二： 高压安全防护与中止检验	小组人员：	
班级：	学号：	指导教师签字：
日期：		

实训一　安全防护用具的认识与检查实训

实训要求：
① 能够说出各种安全防护装备的名称和功能。
② 能够对各种安全防护装备进行正确检查

1. 工具、量具

2. 制订工作计划及人员分工

3. 工作现场安全准备、检查

4. 实训结果

5. 现场整理、清洁

6. 本次任务过程中存在的问题及解决方法

实训二　几何 A 整车高压中止与检验操作实训

1. 实训要求
① 能够安全进行整车高压中止操作。
② 能够安全进行整车高压检验操作，并正确上电。

2. 实训准备
① 安全防护装备：安全帽、绝缘防护用具、警示围栏、警示牌、车辆防护套件、车轮挡块等。

② 专用工具、设备：几何 A 纯电动汽车、数字万用表、绝缘工具套装、绝缘检测仪。

③ 参考资料：几何 A 维修手册、几何 A 电路图。

3. 注意事项

① 操作过程中严格按照高压安全防护要求进行操作。

② 现场环境要求干燥，操作区域禁止其他人员进入。

4. 实施步骤

① 将车辆停好，并将换挡杆切换到 P 挡，确保车辆驻车制动工作可靠，然后熄火；将遥控钥匙放置在离车辆至少 5 m 远处。

② 做好维修工作区域的防护，如图 1-2-11 所示。

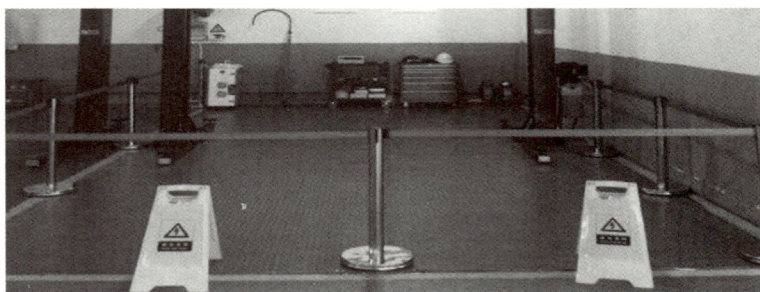

图 1-2-11 维修工作区域防护

③ 将车内四件套、车外三件套装好，并断开 12 V 蓄电池负极。

④ 等待 5 min 以上。

⑤ 穿好绝缘服和绝缘安全鞋，戴好安全帽、护目镜和绝缘手套，绝缘服、绝缘手套及绝缘安全鞋正确穿戴如图 1-2-12 所示。

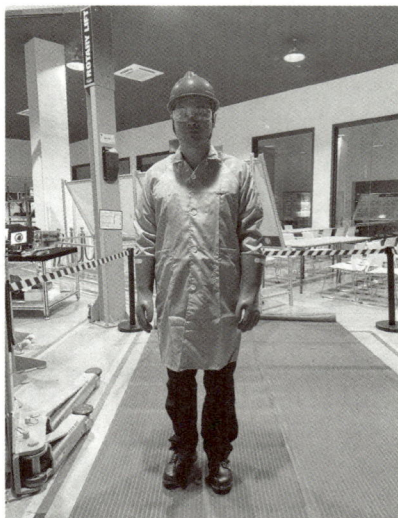

图 1-2-12 绝缘服、绝缘手套和绝缘安全鞋正确穿戴

视频
高压防护用具

⑥ 高压中止以后，用万用表再次确认需要维修的部件上确实已不再有高压。

以电机控制器为例，断电后等待 5 min 以上，待电机控制器内部电容完成被动放电。用万用表电压挡测量高压系统的电压，确保电压趋于 0 V 时再进行后续高压部件的检修工作，如图 1-2-13 所示。

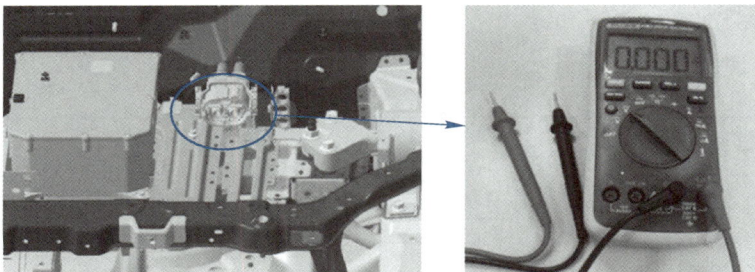

图 1-2-13　用万用表测量直流母线电压的示意图

遮挡高压端口：拆下高压部件上的高压线束后，及时用绝缘胶布封住插头和插座，防止端子污染或有异物进入，如图 1-2-14 所示。

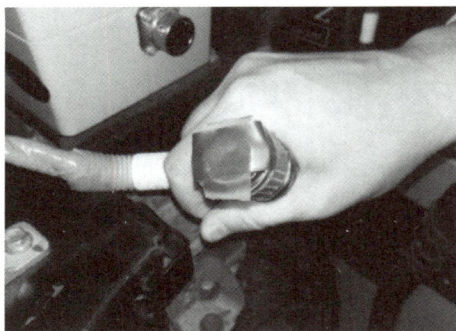

图 1-2-14　高压端口封堵

⑦ 检验完成后，按拆卸相反的顺序装回，并测试车辆是否正常。

5. 实训工单

任务二： 高压安全防护与中止检验	小组人员：	
班级：	学号：	指导教师签字：
日期：		
实训二　几何 A 整车高压中止与检验操作实训		
车型：	VIN：	动力蓄电池总电压：

实训要求：
① 能够安全进行整车高压中止操作。
② 能够安全进行整车高压检验操作，并正确上电。

续表

1. 工具、量具

2. 维修资料及辅助材料

3. 制订工作计划及人员分工

4. 工作现场安全准备、检查

5. 现场整理、清洁

6. 实训结果

7. 本次实训过程中存在的问题及解决方法

知识拓展

新能源汽车的维修开关

维修开关（图1-2-15）称作急停开关，也称作紧急维修开关，简称MSD。其用于在紧急情况下，或者在车辆维修时断开高压。维修开关在电动汽车的安装位置比较多样，包括设置于车厢中部扶手箱内或车厢后部的扶手箱内，还有的在储物箱内，动力蓄电池总成上方等。因车型不同，维修开关需要按照车辆维修手册的提示进行查找。

维修开关电气部位布置一般有两种：一种是布置于高压电源的正极，另一种是布置于动力蓄电池中间。维修开关位于动力蓄电池的正极，在动力蓄电池正极与维修开关有一段电路，如果采用这种布置方式，需要保证此段电路处于人体不能接触区域（一般在动力蓄电池内部位置）。

因涉及高压安全，所以维修开关的规范操作是非常重要的，不规范地操作不仅可能造成车辆故障，还有可能引起高压拉弧等危险，维修开关的规范操作如下：

图 1-2-15 维修开关

① 维修开关是在特殊情况下（如车辆维修、漏电报警等情况）才使用，在非特殊情况下不允许对维修开关进行操作。

② 维修开关的操作应由专业人员进行，操作人员至少应该进行过相关培训。

③ 操作时，操作人员必须佩戴必要的防护用具，如绝缘手套、绝缘安全鞋等，其电压等级必须大于动力蓄电池的最高电压。用前需要检查其是否完好无损，确保安全。

④ 拔下维修开关手柄后，必须妥善保管，直至检修完毕，并避免误操作。

⑤ 拆下维修开关之后，必须等待至少 10 min 后方能进行维修操作，以确保高压线路的余电已释放，如果条件允许，建议等待时间为 30 min。

维修开关推荐操作步骤：断开点火开关，并将智能钥匙移出智能钥匙系统探测范围（建议单独使用一个盒子放置）；断开低压蓄电池负极端子并做好防护；确认绝缘手套不漏气，并正确佩戴；断开维修开关后将维修开关保存于能够单独控制的地方（建议单独使用一个盒子来放置）；等待 10 min 或更长时间，以便高压部件总成内部电容放电；确认安全后进行维修操作。

拆下的维修开关要检查一下，检查具体的内容如下。

① 维修开关外观检查内容：维修开关整体外观是否有损坏、变形、磕碰等情况。

② 维修开关插接头检查内容：维修开关插接头的防水胶、接线柱、熔断器、卡扣、锁销等是否有损坏、变形、磕碰、变色等情况。

③ 熔断器检查内容：熔断器状态是否良好，安装紧固是否可靠。

维修开关暂无法规定其配置要求，目前为各汽车制造厂自行配备的功能件，部分新能源电动汽车无此开关。

任务练习

一、选择题

1. 在维修没有安装手动维修开关的车型时，切断高压应（　　　）。

A. 拆卸某一高压部件的互锁开关

B. 拆卸低压蓄电池负极

C. A 和 B 都是

D. A 和 B 都不是

2. 在断开蓄电池负极时,正确的操作是 (   )。

A. 戴绝缘手套   B. 戴劳保手套

C. 戴保暖手套   D. 都不戴

3. 进行新能源汽车 (   ) 操作时,不要求进行高压中止与检验。

A. 保养或维修高压系统

B. 进行救援或事故维修工作

C. 其他可能接触到高压,但不需要运行高压系统的操作

D. 门锁系统维修

4. 高压检验时,若测试结果大于 3 V,则可能原因是 (   )。

A. 高压接触器卡滞   B. 高压系统绝缘

C. A 和 B 都可能   D. A 和 B 都不可能

5. 在进行新能源汽车维修作业时,下列做法正确的是 (   )。

A. 使用绝缘工具拆卸高压部件

B. 在高压中止操作后,等待时间足够就不用进行高压检验

C. 在高压部件维修作业时单人也可以进行

D. 只要注意一点,可以不用戴安全帽

二、判断题

1. 在进行高压部件维修作业时,地上有点潮湿,可以照常工作。(   )

2. 在进行高压部件维修作业时,由于断开 12 V 蓄电池负极已超过 1 h,所以不必验电,可以直接进行高压部件维修。(   )

3. 在维修工作中,拆下的高压插头,要进行封堵,防止异物进入。(   )

4. 只要是新能源汽车维修作业,必须全过程戴绝缘手套。(   )

5. 所有的电动汽车都装备有维修开关。(   )

三、简答题

1. 哪些情况下需要进行高压中止与检验操作?

2. 简述绝缘手套检查内容。

3. 常见高压安全防护用具有哪些?

【工匠故事】

精益求精 匠心筑梦

"学技术是其次,学做人是首位,干活要凭良心。"胡双钱喜欢把这句话挂在

嘴边，这也是他技工生涯的注脚。

胡双钱，上海飞机制造有限公司高级技师，一位坚守航空事业 35 年、加工数十万飞机零件无一差错的普通钳工。对质量的坚守，已经成为工作里下意识的习惯。他心里清楚，一次差错可能就意味着无可估量的损失，甚至造成生命代价。他用自己总结归纳的"对比复查法"和"反向验证法"，在飞机零件制造岗位上创造了 35 年零差错的纪录，连续 12 年被公司评为"质量信得过岗位"，并授予产品免检荣誉证书。

不仅无差错，还特别能攻坚。在 ARJ21 新支线飞机项目和大型客机项目的研制和试飞阶段，设计定型及各项试验的过程中会产生许多特制件，这些零件无法进行大批量、规模化生产，而钳工是进行零件加工最直接的方法。胡双钱几十年的技术积累和沉淀开始发挥作用。他攻坚克难，创新工作方法，圆满完成了 ARJ21—700 飞机起落架钛合金作动筒接头特制件制孔、C919 大型客机项目平尾零件制孔等各种特制件的加工工作。胡双钱先后获得全国五一劳动奖章、全国劳动模范、全国道德模范称号。

一定要把我们国家自己的装备制造业搞上去，一定要把大飞机搞上去是胡双钱追求的目标。已经 55 岁的胡双钱现在最大的愿望是："最好再干 10 年、20 年，为中国大飞机多做一点。"

项目二 ➤➤➤

·····································

新能源汽车动力蓄电池

➤ **项目描述**

动力蓄电池作为新能源汽车的重要能量储存动力源，其作用是接收和储存由车载充电机、发电机、制动能量回收装置或外置充电装置提供的电能，并且为驱动电机和其他高压用电设备提供电能，类似于燃油汽车的燃油箱。因此，动力蓄电池性能的好坏，直接决定了车辆的使用性能。

本项目主要学习新能源汽车动力蓄电池，分为以下4个任务：

任务一　动力蓄电池的结构与原理认知

任务二　动力蓄电池的分解与组装

任务三　动力蓄电池性能评价与检测

任务四　动力蓄电池故障诊断与排除

通过对4个任务的学习，可以熟悉动力蓄电池的结构与原理，掌握动力蓄电池的分解与组装、动力蓄电池的性能与检测，并完成动力蓄电池的故障诊断与排除。

任务一　动力蓄电池的结构与原理认知

任务目标

● **知识目标**

1. 了解电池的发展历史和类型；
2. 掌握各类动力蓄电池的充放电原理及结构；
3. 掌握各类动力蓄电池的技术特点。

● **能力目标**

1. 能够认识新能源汽车主流动力蓄电池的结构；
2. 能正确完成动力蓄电动总成的拆卸与检测；
3. 能正确完成动力蓄电动总成的安装与检查。

● **素养目标**

1. 培养互相交流、沟通以及阅读资料、自主学习的能力；
2. 培养认真负责的工作态度和一丝不苟的工作作风；
3. 培养爱岗敬业、团结协作、勇于创新的精神，增强安全意识。

任务导入

任务情境： 去 4S 店买车你会发现，同是纯电动汽车，为何价格差别会那么大？经过咨询知道，核心的动力蓄电池的成本占车辆价值的 30%～50%。采用不同的动力蓄电池是纯电动汽车价格差异的主要原因。

任务分析： 了解当前新能源汽车行业的动力蓄电池及其结构和原理。

知识准备

引导问题： 新能源汽车有哪些动力蓄电池呢？其结构和原理你了解吗？

一、电池的发展

新能源汽车采用的动力蓄电池是所有电池种类中电容量最大、技术难度最高的一种蓄电池，从问世至今经过了 200 多年技术进步，动力蓄电池表现出高比能量、高比功率、长寿命、低价格和安全可靠等特点。

1860 年 3 月 26 日，法国科学家普兰特·加斯东最早发现了车用动力蓄电池——铅酸电池，经过 20 多年的发展，铅酸电池在系统设计和制造方法有了很大的提高，使它拥有了一定的商用价值。随后不久，可再充电碱性电池——镍镉电池和镍铁电池也进入市场。

1991 年，可充电的锂离子蓄电池问世。1995 年，日本索尼公司首先研制出 100 A·h 锂离子动力蓄电池并在电动汽车上演示，展示了锂离子电池作为电动汽车用动力电池的性能特点，引起了广泛的关注。近年推出的电动汽车产品已绝大多数采用锂离子动力蓄电池。形成了以钴酸锂、锰酸锂、磷酸铁锂、三元锂为主的电动汽车锂离子动力蓄电池应用体系。

二、动力蓄电池的分类

动力蓄电池按工作原理分类包括：物理电池，能够利用光、热、物理吸附等物理能量发电的电池，如太阳能电池、飞轮电池等；生物电池，将生物质能直接转化为电能的装置，如微生物燃料电池和酶电池；核电池，又称"放射性同位素电池"，它是利用放射性同位素衰变放出载能粒子（如 α 粒子、β 粒子和 γ 射线），并将其能量转化为电能的装置；化学电源，利用物质的化学反应来发电的装置。

动力蓄电池分类有多种方法，但大体上可分为以下三大类。

第一类，按电解液种类分类，包括：碱性电池，电解质主要以氢氧化钾水溶液为主的电池，如碱性锌锰电池（俗称碱锰电池或碱性电池）、镉镍电池、氢镍电池等；酸性电池，主要以硫酸水溶液为介质，如铅酸蓄电池；中性电池，以盐溶液为介质，如锌锰干电池（有的消费者也称为酸性电池）、海水激活电池等；有机电解液电池，主要以有机溶液为介质的电池，如锂电池、锂离子电池等。

第二类，按工作性质和储存方式分类，包括：一次电池，又称原电池，即不能再充电的电池，如锌锰干电池、锂原电池等；二次电池，即可充电电池，如氢镍电池、锂离子电池、镉镍电池等，蓄电池习惯上指铅酸蓄电池，也是二次电池；燃料电池，即活性材料在电池工作时才连续不断地从外部加入电池，如氢氧燃料电池等；储备电池，即电池储存时不直接接触电解液，直到电池使用时，才加入电解液，如镁-氯化银电池又称海水激活电池等。

第三类，按电池所用正、负极材料分类，包括：锌系列电池，如锌锰电池、锌银电池等；镍系列电池，如镉镍电池、氢镍电池等；铅系列电池，如铅酸电池等；锂系列电池、锂镁电池；二氧化锰系列电池，如锌锰电池、碱锰电池等；空气（氧气）系列电池，如锌空气电池等。

三、动力蓄电池的结构和原理

1. 铅酸蓄电池

（1）铅酸蓄电池的工作原理

铅酸蓄电池属于二次电池，它的正极板活性物质是二氧化铅（PbO_2），负极板活性物质是灰色海绵状的金属铅（Pb），电解液是浓度为 27%~37% 的稀硫酸水溶液（H_2SO_4）。

铅酸蓄电池的电极反应和电池总反应表达式分别为

负极反应：	$Pb+H_2SO_4 \Leftrightarrow PbSO_4+2H^++2e^+$	(2-1)
正极反应：	$PbO_2+3H^++HSO_4^-+2e^+ \Leftrightarrow PbSO_4+2H_2O$	(2-2)
电池反应：	$Pb+PbO_2+2H^++2HSO_4^- \Leftrightarrow 2PbSO_4+2H_2O$	(2-3)

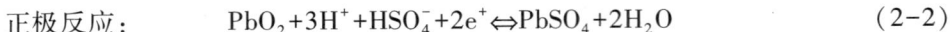

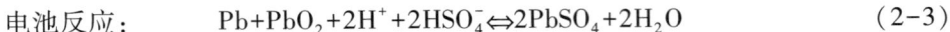

（2）铅酸蓄电池的结构

图 2-1-1 所示为 6 V 铅酸蓄电池的结构。它由三个相同的单体电池构成，每个单体电池的额定电压为 2 V，用联条把各单体电池串联起来便构成了一个 6 V 的铅酸蓄电池。这种铅酸蓄电池主要由极板、隔板、电解液和外壳等组成。

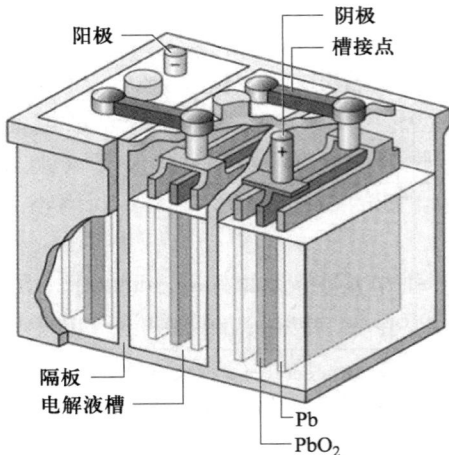

图 2-1-1　6 V 铅酸蓄电池的结构

① 极板与极板组。极板分为正极板和负极板两种。铅酸蓄电池的充电过程是依靠极板上的活性物质和电解液中硫酸的化学反应来实现的。正极板上的活性物质是深棕色的二氧化铅（PbO_2），负极板上的活性物质是海绵状、青灰色的纯铅（Pb）。

② 隔板。隔板需要具备良好的离子导电性，制造方法与生产工艺相匹配，物理性质和化学性质具有长期稳定性等。

③ 电解液。在铅酸蓄电池中，硫酸不仅传导电流，而且参与电池反应，是反应物，硫酸在某种程度上是活性物质。因此，硫酸浓度、质量等参数都将影响化学反应的进行和电池的性能。铅酸蓄电池的使用性能和寿命与其选用的硫酸电解液的密度和温度有直接关系。

④ 外壳。铅酸蓄电池外壳、盖是安装正、负极板和电解液的容器，其材料应具有耐酸、耐热、抗振的性能。外壳多采用硬橡胶或聚丙烯塑料材料制成，为整体式结构，底部有凸起的肋条，以搁置极板组。

2. 镍氢电池

（1）镍氢电池的工作原理

镍氢电池正极的活性物质为 NiOOH（放电时）和 Ni（OH）$_2$（充电时），负极板的活性物质为 H_2（放电时）和 H_2O（充电时），电解液采用 30% 的 KOH 溶液，电化学反应表达式分别为负极反应：$\qquad H_2O+e^-\Leftrightarrow OH^-+\dfrac{1}{2}H_2$ $\hfill$ (2-4)

正极反应：$\qquad Ni(OH)_2+OH^--e^-\Leftrightarrow NiOOH+H_2O$ $\hfill$ (2-5)

电池反应：$\qquad Ni(OH)_2\Leftrightarrow NiOOH+\dfrac{1}{2}H_2$ $\hfill$ (2-6)

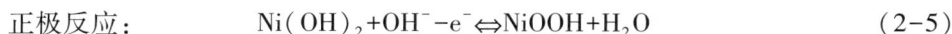

（2）镍氢电池的结构

镍氢电池包括以储氢的镍合金为主的 NiOOH 材料制成的正、负极板，以及具有保液能力和良好透气性的隔膜、碱性电解液（多采用 KOH 水溶液，并加入少量的 Li-OH）、金属壳体、具有自动密封的安全阀及其他部件。图 2-1-2 示的圆柱形电池，采用被隔膜相互隔离开的正、负极板呈螺旋状卷绕在壳体内，壳体用盖帽进行密封，在壳体和盖帽之间用绝缘材质的密封橡胶隔开。

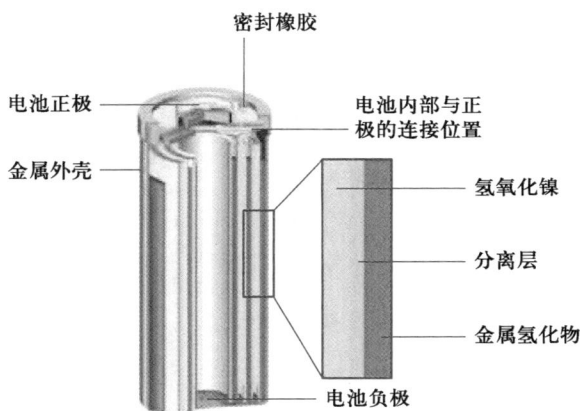

图 2-1-2　镍氢电池的结构

3. 锂离子电池的原理及结构

锂离子电池在原理上实际是一种锂离子浓差电池，正、负电极由两种不同的锂离子嵌入化合物组成，正极采用锂化合物 $LiCoO_2$、$LiNiO_2$ 或 $LiMnO_4$，负极采用锂碳层间化合物 LiC_6，电解质为 $LiPF_6$ 和 $LiAsF_6$ 等有机溶液，如图 2-1-3 所示。经过 Li^+ 在正负电极间的往返嵌入和脱嵌形成电池的充电和放电过程。充电时，Li^+ 从正极脱嵌经过电解质嵌入负极，负极处于富锂态，正极处于贫锂态，同时电子的补偿电荷从外电路供给到碳负极，保持负极的电平衡。放电时则相反，Li^+ 从负极脱嵌，经过电解质嵌入正极，正极处于富锂态，负极处于贫锂态。在正常充放电情况下，锂离子在层状结构的碳材料和层状结构氧化物的层间嵌入和脱出，一般只引起层面间距的变化，不破坏晶体结构；在放电过程中，负极材料的化学结构基本不变。因此，从充放电的可逆性看，锂离子电池反应是一种理想的可逆反应。

锂离子电池的电极反应表达式分别为

正极反应：$\qquad LiMO_2\Leftrightarrow Li_{1-x}MO_2+xLi^++xe$ $\hfill$ (2-7)

负极反应：$\qquad nC+xLi^++xe\Leftrightarrow Li_xC_n$ $\hfill$ (2-8)

电池反应：$$LiMO_2+nC\Leftrightarrow Li_{1-x}MO_2+Li_xC_n \qquad (2-9)$$

式中，M 表示 Co、Ni、W、Mn 等金属元素。

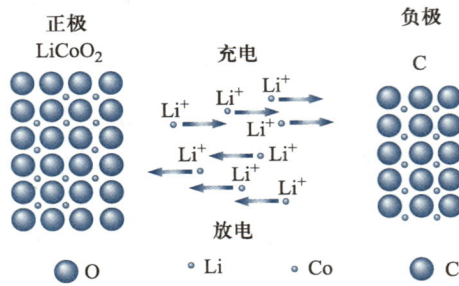

图 2-1-3 锂离子电池工作原理

圆柱锂离子电池及结构如图 2-1-4 所示。

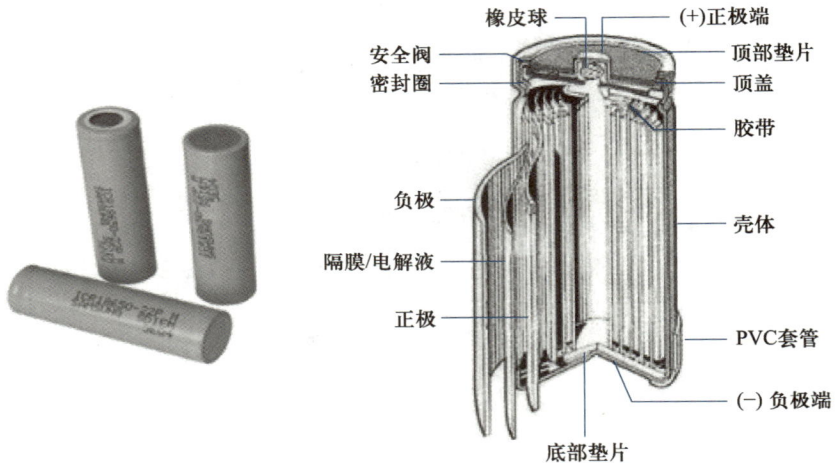

图 2-1-4 圆柱锂离子电池及结构

方形及软包锂离子电池结构如图 2-1-5、图 2-1-6 所示。

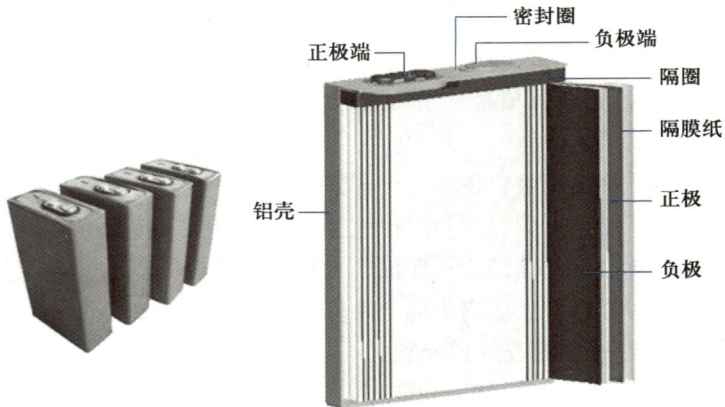

图 2-1-5 方形锂离子电池结构

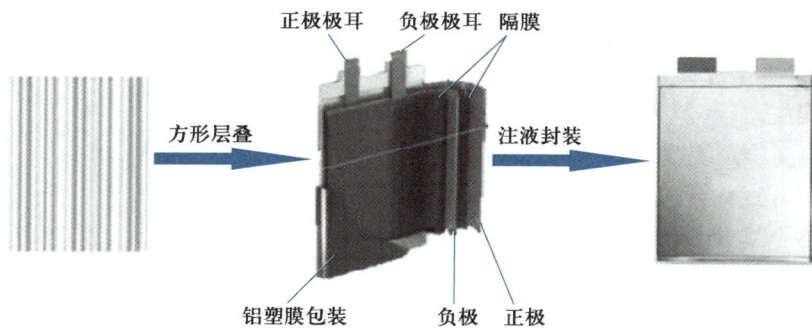

图 2-1-6　软包锂离子电池结构

任务实训

实训　吉利几何汽车动力蓄电池总成拆装实训

1. 实训要求

① 车辆先高压下电，然后拆卸低压蓄电池负极，才允许拆装操作。

② 动力蓄电池总成拆卸应注意严防触电，规范使用工量具。

③ 能完成动力蓄电池总成的拆卸和安装。

④ 设备、工位隔离，禁止无关人员进入。

2. 实训准备

① 检查工位设备及安全防护用品，检查绝缘手套是否符合标准。

② 安装车内外防护用品。

③ 穿绝缘安全鞋。

④ 记录车辆基本信息（图 2-1-7），车辆识别码、品牌、型号。

视频
动力蓄电池总
成拆装

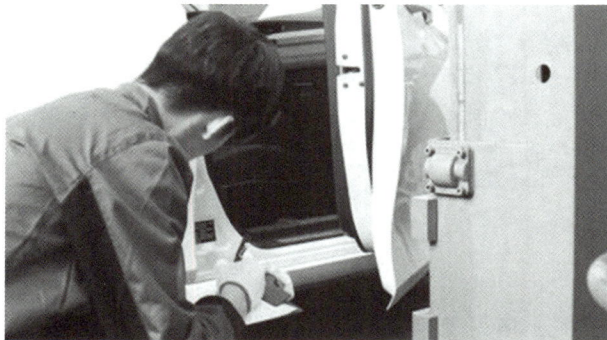

图 2-1-7　记录车辆基本信息

3. 注意事项

① 认知操作前必须保证绝缘良好，防止触电。

② 在进行各插接件的拔插操作前必须先断开电池管理系统（BMS）的电源。

③ 禁止用手触摸插接件端子和模块内部电路，防止静电击穿电子元件。

注意事项：监护人及维修人员必须具备国家认可的《特种作业操作证（电工)》与初级（含）证，严禁无证进行维修操作。

4. 实施步骤

（1）高压系统断电

① 打开点火开关。

② 落下驾驶人侧车窗玻璃。

③ 查看仪表信息，如图 2-1-8 所示。

图 2-1-8　查看仪表信息

④ 安装故障诊断仪。

⑤ 读取"BMS 电源管理系统"DTC 故障码并记录，如图 2-1-9 所示。

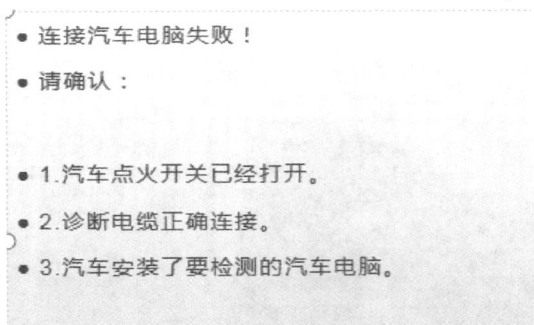

- 连接汽车电脑失败！
- 请确认：
- 1.汽车点火开关已经打开。
- 2.诊断电缆正确连接。
- 3.汽车安装了要检测的汽车电脑。

图 2-1-9　DTC 记录

⑥ 关闭点火开关，填写工单。

（2）确认高压系统断电

① 放置高压作业安全指示牌。

② 断开蓄电池负极电缆，并做好防护，如图 2-1-10 所示。

③ 断开蓄电池负极 5 min 后，拔下车载充电机端直流母线插头。

④ 用万用表分别测量整车高压回路，如图 2-1-11 所示。

图 2-1-10 断开蓄电池负极电缆并做好防护

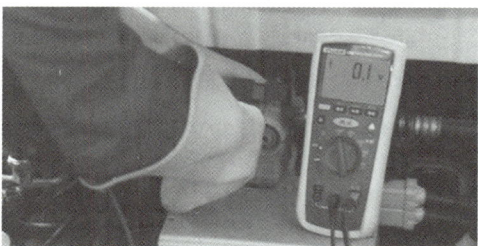

图 2-1-11 用万用表分别测量整车高压回路

（3）拆卸动力蓄电池

① 利用车辆举升机的四个支臂，将车辆举升至离地面 20~30 cm 时停止，检查车辆前后举升点是否正常。确认举升点正常后继续举升至工作高度，并锁止。举升平台车放置在动力蓄电池下方，如图 2-1-12 所示。

图 2-1-12 举升车辆车并锁止

② 拆卸动力蓄电池防撞梁，断开动力蓄电池冷却液进水管、出水管的连接，如图 2-1-13 所示。

图 2-1-13 拆卸动力蓄电池防撞梁，断开动力蓄电池冷却液进水管、出水管连接

③ 断开动力蓄电池高压直流母线插头，并做好防护，如图 2-1-14 所示。断开动力蓄电池的两个低压线束插接器，拆卸动力蓄电池搭铁线螺母，断开搭铁线，如图 2-1-15 所示。

图 2-1-14　断开动力蓄电池高压直流母线插头

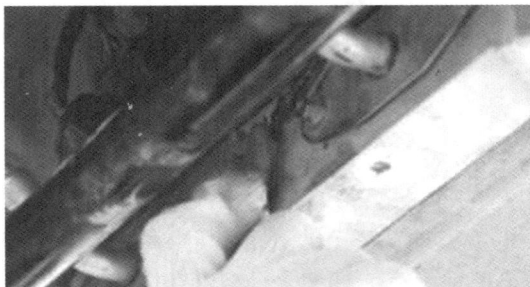

图 2-1-15　拆卸动力蓄电池搭铁线螺母

④ 拆卸动力蓄电池防撞梁的固定螺栓，如图 2-1-16 所示。

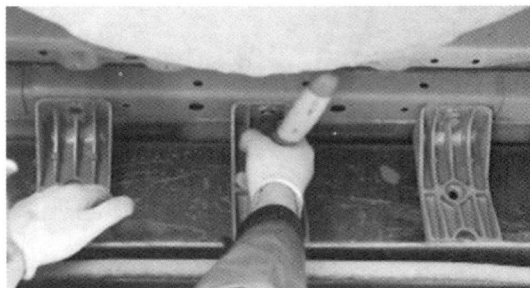

图 2-1-16　拆卸动力蓄电池防撞梁的固定螺栓

⑤ 拆卸动力蓄电池总成后部支架的固定螺栓。

⑥ 拆卸动力蓄电池总成前部的固定螺栓（先用扭力扳手卸力，再使用棘轮扳手拆下）。

⑦ 拆卸动力蓄电池总成左右两边的固定螺栓（拆卸遵循从后到前，再到左右两边的顺序进行），如图 2-1-17 所示。

图 2-1-17　拆卸动力蓄电池总成左右两边的固定螺栓

⑧ 缓慢下降平台车并取出动力蓄电池总成，记录动力蓄电池铭牌信息，填写工单（注意：动力蓄电池下降过程中平台车缓慢向前移动，可以避免动力蓄电池与后悬架的干涉），如图 2-1-18 所示。

图 2-1-18　取出动力蓄电池总成

（4）安装前检查

① 检查新电机的铭牌信息与更换的电机铭牌信息是否相同，如图 2-1-19 所示。

图 2-1-19　核对信息

② 检查新的驱动电机外观，有无破损和腐蚀等现象，要保持外观完好无损，如图 2-1-20 所示。

图 2-1-20　外观检查

（5）安装动力电池

① 安装定位销，缓慢举升平台车，调整平台车的位置，使动力蓄电池总成上的安装孔与车身对齐，如图 2-1-21 所示。

图 2-1-21　安装定位销

② 安装并紧固动力蓄电池总成左右两边的固定螺栓。同时，拆卸定位销，安装并紧固动力蓄电池总成前部 2 个后部 3 个固定螺栓，安装螺栓时遵循从左右两边到前部，再到后部的顺序，螺栓规格和力矩见表 2-1-1。

表 2-1-1　螺栓规格和力矩

名　称	规　格	力矩（N·m）
动力蓄电池总成与车身固定螺栓	M10×35	68~88
动力蓄电池总成支架固定螺栓	M10×35	68~88

③ 安装车辆动力蓄电池防撞梁，移出举升平台车。

④ 安装动力蓄电池搭铁线，紧固动力蓄电池搭铁线固定螺母，连接动力蓄电池与前机舱线束的两个低压线束插接器，连接动力蓄电池的两个高压线束插接器。

注意：插接时注意"一插、二响、三确认"。

（6）性能检查

① 打开点火开关，查看仪表信息是否正常。

② 连接故障诊断仪，读取"电机控制系统"是否有故障存储信息。

③ 确认无故障后关闭点火开关，取出车内防护用品。

④ 升起驾驶人侧车窗玻璃。

⑤ 收起翼子板布，关闭机舱盖。

（7）整理整顿

5. 实训工单

任务一：动力电池的结构与原理认知	小组人员：	
班级：	学号：	指导教师签字：
日期：		

实训　吉利几何汽车动力蓄电池总成拆装实训

车型：	年次：	动力蓄电池总电压：
底盘型号：	VIN：	动力蓄电池模组数：

实训要求：

① 车辆先高压下电，然后拆卸低压蓄电池负极，才允许拆装操作。

② 电池总成拆卸应注意严防触电，规范使用工量具。

③ 能完成电池总成的拆卸和安装。

④ 设备、工位隔离，禁止无关人员进入

1. 工具、量具

2. 维修资料及辅助材料

3. 制订工作计划及人员分工

4. 工作现场安全准备、检查

作业：吉利几何汽车动力蓄电池总成拆装实训

拆 装 步 骤		拆装技术要求/注意事项		结 果 评 价
拆	装	拆	装	
				正常□　　损坏□
				正常□　　损坏□

续表

| 拆装步骤 | | 拆装技术要求/注意事项 | | 结果评价 |
拆	装	拆	装	
				正常□　损坏□
				正常□　损坏□
				正常□　损坏□
				正常□　损坏□
				正常□　损坏□

5. 是否进行零部件基本检查及清洁

6. 总结本次任务重点

7. 本次任务存在的问题及解决方法

知识拓展

其他类型动力蓄电池

目前，新能源汽车的动力蓄电池主要是化学电池，但是市场上还有很多电池也有着广阔的发展前景，如燃料电池、太阳能电池、飞轮电池和超级电容器等。

燃料电池是一种电化学的发电装置，它可以直接将化学能转换为电能而不必经过热机过程，不受卡诺循环限制，因而能量转换效率高，且无噪声、污染，正在成为理想的能源利用方式。

太阳能电池是通过光电效应或者光化学效应直接把光能转换为电能的装置。只要被光照射到，瞬间就可以输出电压及电流。在物理学上称为太阳能光伏，简称为光伏。以光电效应工作的薄膜式太阳能电池为太阳能电池中的主要类型，而以光化学效应工作的湿式太阳能电池还处于萌芽阶段。

超级电容器又称为双电层电容器（Electrical Double-Layer Capacitor）、电化学电容器（Electrochemical Capacitor, EC）、黄金电容、法拉电容等。它是一种新型储能装置，具有充电时间短、使用寿命长、温度特性好、节约能源和绿色环保等特点。

飞轮电池又称为飞轮储能器或超高速飞轮，它利用超高速旋转的飞轮储存能量，并通过机电能量转换装置实现机械能和电能的相互转换。基于其比能量高、比功率高、电能和机械能之间的转换效率高、快速充电、免维护和良好的性价比等特点，超高速飞轮在电动汽车、航空、航天、电网调峰、风力发电系统的不间断供电及军事等领域有着广泛的应用前景。

任务练习

一、选择题

1. （　　）是目前在混合动力汽车领域应用较为成熟的动力蓄电池。
A. 铅酸蓄电池　　　　B. 镍氢电池　　　　C. 锂离子电池　　　　D. 太阳能电池
2. （　　）是碱性动力蓄电池。
A. 铅酸蓄电池　　　　B. 镍氢电池　　　　C. 锂离子电池　　　　D. 太阳能电池
3. 当前新能源汽车动力蓄电池大多是（　　）。
A. 物理电源　　　　B. 化学电源　　　　C. 生物质电源　　　　D. 核电源
4. （　　）是一种浓差电池。
A. 铅酸蓄电池　　　　B. 镍氢电池　　　　C. 锂离子电池　　　　D. 太阳能电池
5. （　　）不属于金属空气电池。
A. 铝空气电池　　　　B. 锂空气电池　　　　C. 氧空气电池　　　　D. 锌空气电池

二、判断题

1. 镍氢动力电池具有重污染、高比能量、大功率、快速充放电、耐用性好等优异特性。（　　）
2. 电池极板越厚，活性物质的多孔性越好，则电解液向极板内部的渗透越容易，活性物质利用率就越高，输出容量也就越大。（　　）
3. 碱性动力蓄电池的电解液是 $Ca(OH)_2$ 水溶液。（　　）
4. 电动汽车相比传统汽车发展更早。（　　）
5. 动力蓄电池是一种能量转换装置。（　　）

三、简答题

1. 锂离子电池有哪些优缺点？在新能汽车领域的应用情况如何？
2. 哪些种类电池可能会成为未来主流动力蓄电池？
3. 简述动力蓄电池的基本结构。

任务二　动力蓄电池的分解与组装

任务目标

- **知识目标**
1. 了解动力蓄电池成组的方式；
2. 了解动力蓄电池的组成；
3. 熟悉动力蓄电池各部分的作用。

- **能力目标**
1. 能说出当前电池的成组方式及优缺点；
2. 能正确说明动力蓄电池的内部结构；
3. 能说出动力蓄电池各部分的作用。

- **素养目标**
1. 培养互相交流、沟通以及阅读资料、自主学习的能力；
2. 培养认真负责的工作态度和一丝不苟的工作作风；
3. 培养爱岗敬业、团结协作、勇于创新的精神，增强安全意识。

任务导入

任务情境： 目前吉利几何车型动力蓄电池有短续航和长续航两种。其中短续航版本，总共 96 个电芯，6 个电芯串联构成 1 个模组，16 个模组构成整组动力蓄电池，容量为 53 kW·h；而长续航版本，总共 102 个电芯，6 个电芯串联构成 1 个模组，17 个模组构成整组动力蓄电池，容量为 70 kW·h。特斯拉 Model S 动力蓄电池由 16 组电池模组串联而成，并且每组电池模组由 444 节单体电池、每 74 节并联形成，共由 7104 节 18650 锂离子电池组成，对外输出电能 100 kW·h。而特斯拉 Model 3 由 4416 颗 18650 电芯支撑起 75 kW·h 系统，分析电池的数量和对外输出为何不成比例。

任务分析： 不同的电动汽车，其动力蓄电池单体电池数量不一样，容量也不一样，这与动力蓄电池成组时电芯的连接有关，采用不同的成组方式其系统的容量、电压和能量都不相同。下面学习关于动力蓄电池成组的内容，包括动力蓄电池成组方式与注意事项、动力蓄电池结构与作用。

知识准备

引导问题： 一辆电动汽车因动力蓄电池故障而无法运行，需要对动力蓄电池分解查看。你了解动力蓄电池中单体电池是如何成组的吗？

一、动力蓄电池成组方式

对于新能源汽车来说，动力蓄电池是指为电动汽车动力系统提供能量的电池。用于电动汽车的动力蓄电池需要提供很高的电压和较大的电流，而一个单体电池只能提供很小的电压和电流，因此需要若干个相同的单体电池按一定的方式组合起来。其主要由以下三种成组方式：

1. 传统的电池成组方式

（1）电池串联

将多个电池正、负极首尾依次相连，这种串联的组合方式可提高电池电压容量，如图 2-2-1（a）所示。

（2）电池并联

将多个电池正、负极分别并接在一起，这种并联的组合方式可增加电流，实际上也就是增加了容量，电压不变，如图 2-2-1（b）所示。

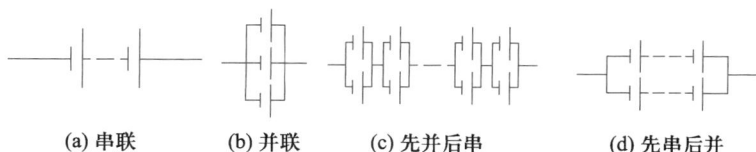

| (a) 串联 | (b) 并联 | (c) 先并后串 | (d) 先串后并 |

图 2-2-1　电池成组方式

（3）电池混联

多个电池既有串联又有并联，这种混联的组合方式既可提高电池容量，又可提高电池电压，如图 2-2-1（c）、（d）所示。

（4）电池层次

① 单体电池：构成动力蓄电池模块的最小单元，也称为电芯，如单颗的 18650 锂电池。

② 电池模块：一般为一组并联的单体电池的组合，该组合额定电压与单体电池的额定电压相等，容量为并联电池的数量乘以单体容量，电池模组可作为一个单元替换。

③ 电池模组：一般是由多个电池模块串联组成的一个组合体，该组合体容量与电池模块的容量相等，额定电压为串联的电池模块的数量乘以电池模块电压。

④ 电池系统：又称为电池包或电池板，包括电池模组、电池箱、电池管理系统及辅助元器件等。

2. CTP 成组方式

CTP（Cell to Pack）成组方式是电芯直接组装成电池包（动力蓄电池），省去了"模组"环节，典型代表是比亚迪生产的刀片电池和宁德时代公司的 CTP 成组电池。

3. CTC 成组方式

宁德时代公司正在研发一项新技术——CTC（Cell to Chassis），让电芯和底盘"合体"，抛弃动力蓄电池原来笨重的外壳。

二、动力蓄电池成组后检测及管理

动力蓄电池成组后，作为一个整体，对外工作时需要进行如下检测及管理：

① 高压母线回路绝缘安全检测（全车高压回路）。

② 单体电池最高电压、单体电池最低电压检测（电压一致性评价、SOC计算）。

③ 母线电流、电压检测（充、放电过电流检测控制）。

④ 正负母线充放电电路开闭控制（高压直流输出、输入）。

⑤ 正负母线继电器开闭状态检测（主触点正确开闭检查）。

⑥ 动力蓄电池充放电功率控制（充电请求）。

⑦ 动力蓄电池充电次数累计（计算动力蓄电池寿命、健康情况）。

⑧ 预充电控制（控制上电浪涌电流，防止烧坏主继电器触点、控制器电容）。

⑨ 动力蓄电池容量（SOC）的检测计算。

⑩ 动力蓄电池健康状况（SOH）的计算。SOH 表示动力蓄电池容量、健康度、性能状态和寿命的长短，为动力蓄电池最大放电容量相对额定容量的比值，新出厂的动力蓄电池为 100%，完全报废为 0。

⑪ 动力蓄电池温度检测（防止动力蓄电池过热导致隔膜破损造成燃烧，低温充电前加热判断）。

⑫ 动力蓄电池一致性巡检判断（保持动力蓄电池最大容量下工作）。

⑬ 充电请求计算与通信。

⑭ 故障储存与上报。

⑮ 动力蓄电池防尘、防水。水分进入动力蓄电池会造成电池短路，粉尘进入动力蓄电池长期堆积会造成电池短路，引起金属材料的腐蚀，故开放式动力蓄电池箱体设计应定期清理灰尘。

⑯ 动力蓄电池与车身之间的定位固定。

三、动力蓄电池的结构与作用

动力蓄电池主要由动力蓄电池模组、电池管理系统、动力蓄电池箱及辅助元器件等四部分组成。

图 2-2-2 所示为动力电池的结构。

1. 动力蓄电池模组

（1）单体电池

单体电池是构成动力蓄电池模块的最小单元（电芯），其一般由正极、负极、电解质及外壳等构成。可实现电能与化学能之间的直接转换。

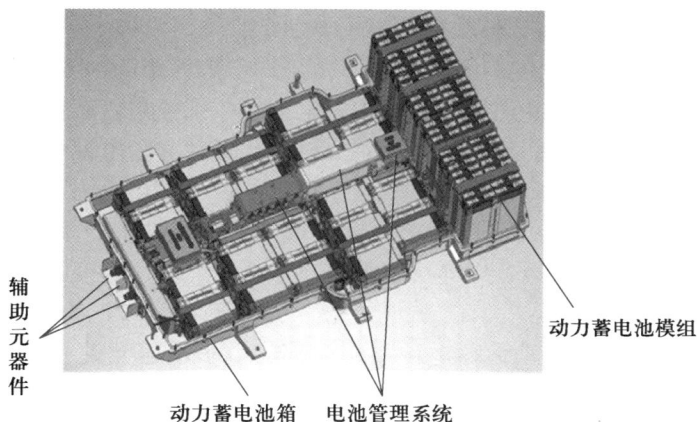

图 2-2-2　动力蓄电池的结构

（2）电池模块

电池模块是指一组并联的单体电池的组合，该组合额定电压与单体电池的额定电压相等，是单体电池在物理结构和电路上连接起来的最小分组，可作为一个单元替换。

（3）电池模组

电池模组是指由多个电池模块或单体电池串联组成的一个组合体。

2. 电池管理系统

（1）电池管理系统的作用

电池管理系统是电池保护和管理的核心部件，在动力蓄电池系统中，它的作用就相当于人的大脑。它不仅要保证动力蓄电池安全、可靠地使用，而且要充分发挥动力蓄电池的能力和延长使用寿命，作为动力蓄电池和整车控制器（VCU）以及驾驶人之间沟通的桥梁，通过控制接触器控制动力蓄电池的充放电，并向整车控制器上报动力蓄电池系统的基本参数及故障信息。

（2）电池管理系统具备的功能

电池管理系统（BMS）通过电压、电流及温度检测等功能实现对动力蓄电池系统的过电压、欠电压、过电流、过高温和过低温保护，继电器控制、电池荷电状态（SOC）估算、充放电管理、均衡控制、故障报警及处理、与其他控制器通信功能等功能；此外，电池管理系统还具有高压回路绝缘检测功能，以及为动力蓄电池系统加热功能。

3. 动力蓄电池箱

（1）动力蓄电池箱的作用

动力蓄电池箱可以支撑、固定、包围动力蓄电池系统的组件，主要包含上盖和下托盘，还有辅助元器件，如过渡件、护板、螺栓等，动力蓄电池箱有承载及保护动力蓄电池及电气元件的作用。

（2）动力蓄电池箱的技术要求

动力蓄电池箱体螺接在车身地板的下方，其防护等级为 IP67，螺栓拧紧力矩为 80~100 N·m。整车维护时需观察动力蓄电池箱体螺栓是否有松动，动力蓄电池箱体是否有破损严重变形，密封法兰是否完整，确保动力蓄电池可以正常工作。

（3）动力蓄电池箱的外观要求

动力蓄电池箱体外表面颜色要求为银灰或黑色，且亚光；动力蓄电池箱体表面不得有划痕、尖角、飞边、焊缝及残余油迹等外观缺陷，焊接处应打磨圆滑。

4. 辅助元器件

辅助元器件主要包括动力蓄电池系统内部的电子电器元件（如熔断器、继电器、分流器、插接件、紧急开关、烟雾传感器等）、维修开关以及电子电气元器件以外的辅助元器件（如密封条、绝缘材料等）。

接触器位于线束和继电器模块内，用于控制高电压的通断。当接触器闭合时，高压自动力蓄电池输出到车辆动力系统，接触器断开后，高压保存在动力蓄电池内。

任务实训

实训　吉利几何汽车动力蓄电池分解与安装实训

1. 实训要求

① 车辆首先高压下电，然后拆卸低压蓄电池负极，才允许进行拆装操作。

② 动力蓄电池拆卸和安装应注意严防触电，规范使用工量具。

③ 能完成动力蓄电池的分解和安装。

④ 设备、工位隔离，禁止无关人员进入。

2. 实训准备

① 安全防护装备：佩戴安全防护装备。

② 车辆、台架、总成：吉利几何汽车动力蓄电池组。

③ 专用工具、设备：动力蓄电池分解专用工具、动力蓄电池专用测试仪、绝缘拆装组合工具、装配楔。

④ 手工工具：无。

⑤ 辅助材料：警示标示和设备、绝缘地胶、清洁剂。

3. 注意事项

① 操作前必须保证绝缘良好，防止触电。

② 在进行各插接件的拔插操作前必须先断开电池管理系统的电源。

③ 禁止用手触摸插接件端子和模块内部电路，防止静电击穿电子元件。

4. 实施步骤

本操作任务主要完成对纯电动汽车动力蓄电池的拆卸与安装。

> 提示：进行拆卸前准备和安全注意事项的检查。

绝大多数电动汽车车型动力蓄电池的拆卸和安装必须由生产厂家或专业人员

完成，以下仅以吉利几何汽车为例介绍动力蓄电池的拆卸与安装过程。

（1）拆卸前准备

① 工位洁净。

② 远离溢出液体。

③ 工位上没有工具或其他物体。

④ 建议使用独立空间，从空间上与其他工位隔开或使用隔离带进行空间隔离。

⑤ 附近没有飞溅火花，否则应竖起相应隔板。

（2）拆卸步骤

提示：分解电池模块或电池监控模块及元件前，应打印元件位置图供参考。

① 必须遵守安全规定并断开电池模块与壳体上所固定导线之间的高压导线。

② 在此应按照位置图使用防水笔对所有电池模块和电池监控电子装置进行编号。

③ 松开相关电池模块上的螺栓并取下隔板。如有必要可松开大范围的环形导线束。切勿使用带有尖锐棱边的物体。

④ 拔下相关电池模块的高压插头并稍稍弯向一侧，从而确保能够非常顺畅地抬出电池模块。

⑤ 使用磁套筒头松开电池模块的螺母，小心抬出电池模块，包括电池监控电子装置，为了便于操作可使用专用工具抬出，此时要注意电池模块之间的高压导线能否顺畅通过。将电池模块底部向下以防滑防倒方式放在一个洁净平面上。

（3）安装步骤

① 使用专用工具小心抬起电池模块，包括电池监控电子装置，在此要注意相邻部件，特别是高压导线。使用磁套筒头安装电池模块的螺母，并按规定力矩拧紧。将导线束的插头与电池监控电子装置连接在一起。安装并固定拆下的隔板。插上相关电池模块的高压插头。连接电池模块与壳体上所固定导线之间的高压导线。

② 检查壳体下部件的密封面并清除可能存在的污物。在其他人的帮助下小心放上壳体端盖。必须注意不要让尖锐棱边接触密封垫。

（4）安装后续检查及完善

① 使用专用测试仪进行最终测试。安装前应使用专用测试仪进行测试。安装适用于排气单元的检测适配器。连接用于压力接口、高压插头和 12 V 车载网络插头的检测接口。专用测试仪如图 2-2-3 所示。

② 进行总测试。首先进行密封性测试，随后进行耐压强度、绝缘电阻和绝缘监控测试。

③ 将动力蓄电池安装在车上。在其他人的帮助下使用总成升降台，小心地将动力蓄电池移回车辆下方。抬起动力蓄电池时应注意锁止件和中间位置，而且不允许将总成升降台抬得过远。安装动力蓄电池上的固定螺栓，拧入电位补偿螺栓。

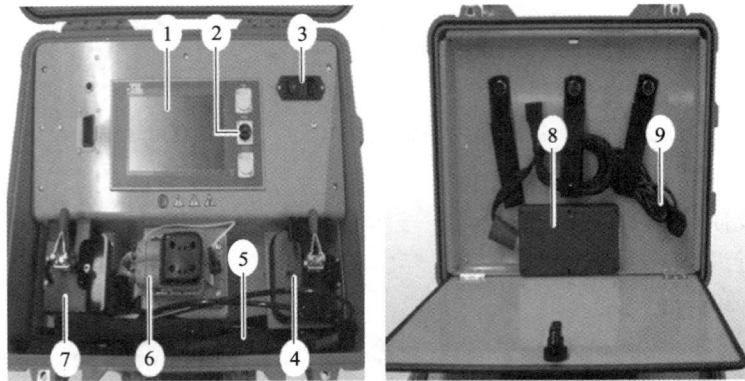

1—触摸屏；2—更新的 USB 接口；3—网络电缆和主开关接口；4—专用车型开关；
5—连接电缆；6—高压插头；7—专用车型开关；8—高压测试的维修电器；9—网络电缆

图 2-2-3　专用测试仪

5. 实训工单

任务二： 动力蓄电池的分解与组装	小组人员：	
班级：	学号：	指导教师签字：
日期：		
实训　吉利几何汽车动力蓄电池分解与安装实训		
车型：	年次：	动力蓄电池总电压：
底盘型号：	VIN：	动力蓄电池模组数：

实训要求：
① 车辆首先高压下电，然后拆卸低压蓄电池负极，才允许进行拆装操作。
② 动力蓄电池拆卸和安装应注意严防触电，规范使用工量具。
③ 能完成动力蓄电池的拆卸和安装。
④ 设备、工位隔离，禁止无关人员进入

1. 工具、量具

2. 维修资料及辅助材料

3. 制订工作计划及人员分工

续表

4. 工作现场安全准备、检查

作业：吉利几何汽车动力蓄电池分解与安装实训

拆 装 步 骤		拆装技术要求/注意事项		结 果 评 价
拆	装	拆	装	
				正常☐　　损坏☐
				正常☐　　损坏☐
				正常☐　　损坏☐
				正常☐　　损坏☐
				正常☐　　损坏☐

5. 是否进行零部件基本检查及清洁

6. 总结本次任务重点

7. 本次任务存在的问题及解决方法

知识拓展

动力蓄电池的安装位置

　　动力蓄电池应尽可能放在清洁、阴凉、通风、干燥的地方，并避免受到阳光直射，远离热源。动力蓄电池应当水平安装放置，不可倾斜。动力蓄电池电池模组间应有冷却装置，以避免动力蓄电池在使用过程中产生过高的热量而影响其性能或造成损坏，严重者可导致爆炸。动力蓄电池安装位置如图 2-2-4 所示。

　　纯电动汽车的动力蓄电池体积较大，一般安装于车辆底部前、后桥及两侧纵梁之间，安装在这些位置有较高的碰撞安全性，也可以降低车辆重心，使车辆操控性更好。混合动力汽车的动力蓄电池体积较小，可安装在行李舱和后排座椅的下方或之间，动力蓄电池安装在这些地方，不但拆装操作更加简单，避免了动力蓄电池安装分散，减少动力蓄电池之间高压连接线束的使用，避免了电路连接过

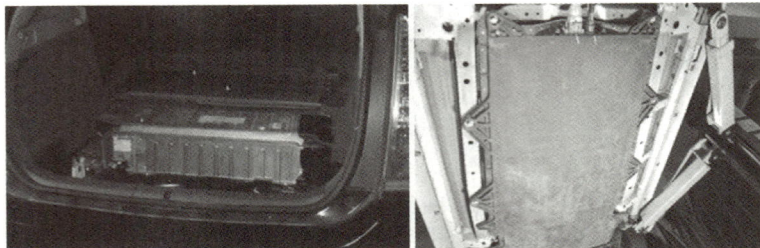

图2-2-4　动力蓄电池安装位置

多的问题，而且节约了成本。

任务练习

一、选择题

1. （　　　）组合方式可提高电池电压容量。
A. 串联　　　　　　B. 并联　　　　　　C. 混联　　　　　　D. 都可以

2. （　　　）组合方式可增加电流，实际上也就是增加了容量，电压不变。
A. 串联　　　　　　B. 并联　　　　　　C. 混联　　　　　　D. 都可以

3. （　　　）组合方式既可提高电池容量，又可提高电池电压。
A. 串联　　　　　　B. 并联　　　　　　C. 混联　　　　　　D. 都可以

4. 构成动力蓄电池的最小单元是（　　　）。
A. 隔板　　　　　　B. 电芯　　　　　　C. 电解液　　　　　D. 正负极

5. 动力蓄电池应当（　　　）安装放置。
A. 水平　　　　　　B. 垂直　　　　　　C. 倾斜　　　　　　D. 不确定

二、判断题

1. 动力蓄电池组主要由动力蓄电池模组、电池管理系统、动力蓄电池箱及辅助元器件4部分组成。（　　　）

2. 动力蓄电池箱就是电池包。（　　　）

3. 目前动力蓄电池组大多选择CTC成组方式。（　　　）

4. 绝大多数车型动力蓄电池的拆卸和安装必须由生产厂家或专业人员完成。（　　　）

5. 接触器位于线束和继电器模块内，用于控制高压的通断。（　　　）

三、简答题

1. 动力蓄电池成组要注意哪些问题？

2. 简述动力蓄电池的内部结构。

3. 在设计动力蓄电池箱时要考虑哪些要求？

任务三　动力蓄电池性能评价与检测

任务目标

- **知识目标**
1. 了解动力蓄电池的主要性能指标；
2. 了解动力蓄电池的主要评价指标；
3. 了解动力蓄电池的性能检测项目；
4. 掌握动力蓄电池的性能检测方法。
- **能力目标**
1. 能完成动力蓄电池的性能测试；
2. 能完成动力蓄电池的试验与评价；
3. 能说出动力蓄电池各部分的作用。
- **素养目标**
1. 培养互相交流、沟通以及阅读资料、自主学习的能力；
2. 培养认真负责的工作态度和一丝不苟的工作作风；
3. 培养爱岗敬业、团结协作、勇于创新的精神，增强安全意识。

任务导入

任务情境：一辆 2021 款吉利几何 A 纯电动汽车，行驶里程 10 万 km，闲置半年后，发现无法起动。

任务分析：动力蓄电池长时间搁置，由于自放电容量衰减，影响动力蓄电池对外放电，那么除了自放电，动力蓄电池还有哪些参数、性能指标是需要关注的呢？这章将对动力蓄电池性能进行学习。

知识准备

引导问题：如何评判动力蓄电池的优劣呢？可以借助哪些参数来说明呢？

动力蓄电池的测试是动力蓄电池研制、出厂检测、产品评估等的必要手段。作为电动汽车的能量源，国家和相关汽车管理部门对动力蓄电池的测试做出了明确的规定，并出台了相关测量的推荐性标准和手册。

1. 储能电池的主要性能指标

动力蓄电池是储能电池的一种，学习动力蓄电池的性能指标，首先要了解电池的性能指标。

通常用以表征电池性能的指标有电性能、力学性能和储存性能等，有时还包括使用性能和经济成本。电池的主要性能指标如下。

（1）电压

电压分为电动势、端电压、开路电压、额定电压和终止电压等。

① 电动势：电池的电动势，又称为电池标准电压或理论电压，是指组成电池的两个电极的平衡电位之差。

② 端电压：电池的端电压是指电池正极与负极之间的电位差。

③ 开路电压：电池的开路电压是指无负荷情况下的电池端电压。

④ 额定电压：是指该电化学体系的电池工作时公认的标准电压。例如，镍氢电池为 1.2 V，铅酸蓄电池为 2 V。

⑤ 终止电压：是指放电终止时的电压值，根据放电电流大小、放电时间、负载和使用要求的不同而不同。以铅酸蓄电池为例，电动势为 2.1 V，额定电压为 2 V，开路电压接近 2.1 V，工作电压为 1.8~2 V，放电终止电压为 1.5~1.8 V。根据放电率的不同，放电终止电压也有所不同。

（2）电池的容量

电池在一定的放电条件下所能放出的电量称为电池的容量，以符号 C 表示。其常用单位为 A·h 或 mA·h。

① 理论容量（C_0）：是指假定活性物质全部参加电池的成流反应所能提供的电量。

② 额定容量：在设计规定的条件（如规定的温度、放电率、终止电压等）下，电池应能放出的最低电量，以符号 C 表示，单位为 A·h。

③ 实际容量：实际容量（C）是指在一定的放电条件下电池实际放出的电量。它等于放电电流与放电时间的乘积。

④ 剩余容量：是指在一定放电倍率下，电池剩余的可用容量。

（3）能量与比能量

电池的能量是指在一定放电规则下，电池所能输出的电能，通常用瓦时（W·h）表示。电池的能量反映了电池做功能力的大小，也是电池放电过程中能量转换的量度。对于电动汽车来说，电池的能量大小直接影响电动汽车的行驶距离。

① 理论能量：假设电池在放电过程中始终处于平衡状态，其放电电压保持在电动势的数值，而且活性物质的利用率为 100%，即放电容量等于理论容量，则在此条件下电池所输出的能量为理论能量，也就是可逆电池在恒温、恒压下所能做的最大功。

② 实际能量：实际能量是电池放电时实际输出的能量。它在数值上等于电池实际容量与电池平均工作电压的乘积。

③ 比能量：比能量［能量密度（Energy Density）］分为质量比能量和体积比能量。

质量比能量是指单位质量电池所能输出的能量，体积比能量是指单位体积电池所能输出的能量，也称为体积能量密度。

电池的比能量是综合性指标，它反映了电池的能量水平。电池的比能量影响电动汽车的整车质量和续驶里程，是评价电动汽车的动力电池是否满足预定的续驶里程的重要指标。

（4）功率与比功率

电池的功率是指电池在一定放电规则下，单位时间内输出的能量。

电池的比功率也是评价电池性能优劣的重要指标之一。对于纯电动汽车，其电能储存装置应具有尽可能高的比能量，以保证汽车的续驶里程。对于混合动力汽车，其电能储存装置则应具有尽可能高的比功率，以保证汽车的动力性。

（5）效率

电池作为能量储存器，充电时把电能转化为化学能储存起来，放电时把电能释放出来。在这个可逆的电化学转换过程中，有一定的能量损耗。通常用电池的容量效率和能量效率来表示。

（6）内阻

电流通过电池内部时受到阻力，使电池的电压降低，此阻力称为电池的内阻。

电池内阻不是常数，在放电过程中随时间不断变化，因为活性物质的组成、电解液浓度和温度都在不断地改变。电池内阻包括欧姆内阻 R_Ω 和电极在电化学反应时所表现出的极化内阻 R_f，两者之和称为电池的全内阻 $R_{内}$，即 $R_{内}=R_\Omega+R_f$。

（7）放电电流和放电深度

放电电流大小或放电条件，通常用放电率表示，是电池容量或能量的技术参数。

① 放电率：指放电时的速率，常用"时率"和"倍率"表示。时率是指以放电时间（单位为 h）表示的放电速率，即以一定的放电电流放完额定容量所需的时间。倍率是指电池在规定时间内放出额定容量所输出的电流值，数值上等于额定容量的倍数。例如，"3 倍率"放电，表示放电电流数值为额定容量的 3 倍，若电池容量为 2 A·h，那么放电电流应为 3×3 A=6 A，也就是"3 倍率"放电。

② 放电深度：表示放电程度的一种量度，为放电容量与总放电容量的百分比，简称为 DOD（Depth of Discharge）。放电深度的高低跟二次电池的充电寿命有很深的关系：二次电池的放电深度越深，其充电寿命就越短，因此在使用时应尽量避免深度放电。

（8）电池荷电状态

电池荷电状态（State of Charge，SOC）描述了电池的剩余电量，是电池使用过程中的重要参数，此参数与电池的充放电历史和充放电电流大小有关。

荷电状态是个相对量，一般用百分比的方式来表示，SOC 的取值为 $0 \leqslant SOC \leqslant 100\%$。与放电深度（DOD）之间的数学计算关系为

$$DOD+SOC = 1 \tag{2-10}$$

（9）自放电

对于所有化学电源，即使在与外电路没有接触的条件下开路放置，容量也会自然衰减，这种现象称为自放电，也称为荷电保持能力。

自放电率通常与时间和环境温度有关，环境温度越高自放电现象越明显，所以电池久置时要定期补电，并在适宜的温度和湿度下储存。

（10）寿命

电池的寿命分为储存寿命和使用寿命。储存寿命有"干储存寿命"和"湿储存寿命"两个概念。

使用寿命是指电池实际使用的时间长短。对于二次电池而言，电池的使用寿命分为充放电循环寿命和搁置使用寿命两种。

循环寿命是评价电池经济性的重要指标，受蓄电池 DOD 影响，因此循环寿命的表示还要同时指出 DOD。比如，蓄电池循环寿命 400 次/100% DOD 或 1000 次/50% DOD。各种蓄电池的使用周期都有差异，即使同一系列、同一规格的产品，使用周期也可能有很大差异。

（11）电池组的不一致性

在现有的电池技术水平下，电动汽车应使用多块电池构成的电池组来满足使用要求。所谓电池组的不一致性是指同一规格、同一型号电池在电压、内阻、容量、充电接受能力、循环寿命等参数存在的差别。由于不一致性的影响，动力蓄电池在电动汽车上使用时性能指标往往达不到单电池原有水平，使用寿命可能缩短数倍甚至十几倍，严重影响电动汽车的开发和应用。

（12）成本

电池的成本与电池的新技术使用占比、材料、制作方法和生产规模有关，目前新开发的高比能量的电池成本较高，使电动汽车的造价也较高，开发和研制高效、低成本的电池是电动汽车发展的关键。

除上述主要性能指标外，还要求电池无毒性，不对周围环境造成污染或腐蚀，使用安全，有良好的充电性能和充电操作方便，抗振动，无记忆性，对环境温度变化不敏感，易于调整和维护等。

2. 动力蓄电池评价指标

动力蓄电池特别是作为驱动动力的能源供给装置，高功率和高能量是其重要的特点。从使用角度而言，动力蓄电池的应用可以总结为以下特点：

（1）高能量

高能量表示更高的质量比能量和体积比能量，车辆的续驶里程更长。

（2）高功率

高功率意味着更大的充放电强度，车辆的加速爬坡能力更强。

（3）长寿命

电池的循环寿命应不低于 1000 次或可使用 5～10 年，寿命越长，意味着经济性越好。

（4）低成本

电池的成本与电池的新技术使用占比、材料、制作方法和生产规模有关，成本越低意味着经济性越好。

3. 动力蓄电池性能检测项目

动力蓄电池的测试分为单体电池的性能测试和动力蓄电池的测试，单体电池的测试内容包括充电性能测试、放电性能测试、放电容量及倍率性能测试、高低温性能测试、能量和比能量测试、功率和比功率测试、储存性能及自放电测试、寿命测试、内阻测试、内压测试和安全性测试等。

从车辆的实用角度出发，动力蓄电池的测试内容包括静态容量测试、峰值功率测试、动态容量测试、部分放电测试、静置试验、持续爬坡功率测试、热性能、起动功率测试、电池振动测试、充电优化和快速充电能力测试、循环寿命测试以及安全性测试等。

（1）静态容量测试

静态容量测试是确定车辆实际使用时，动力蓄电池是否具有充足的电量和能量，满足各种预定放电倍率和温度下正常工作的要求。

（2）动态容量测试

动态容量测试主要检测动力蓄电池在动态放电条件下的能力，其主要表现为不同温度和不同放电倍率下的能量和容量。

（3）静置试验

静置试验是检测动力蓄电池在一段时间未使用时的容量损失，用来模拟电动汽车一段时间没有行驶电池静置时开路电压下降的情况。

（4）起动功率测试

由于汽车起动功率较大，为适应不同温度条件下的汽车起动需要，对动力蓄电池进行低温（−18℃）起动功率和高温（50℃）起动功率测试。

（5）快速充电能力测试

快速充电能力测试的目的是通过对动力蓄电池进行高倍率充电来检测电池的快速充电能力，并考察其效率、发热及对其他性能的影响。

（6）循环寿命测试

电池的循环寿命直接影响电池的使用经济性。当电池的实际容量低于初始容量或是额定容量的80%时，即视为动力蓄电池寿命终止。

（7）安全性测试

电池的安全性能是指电池在使用及搁置期间对人和装备可能造成伤害的评估。

（8）电池振动测试

电池振动测试的目的是检测由于道路引起的频繁振动和撞击对动力蓄电池及其性能和寿命的影响。

任务实训

实训　动力蓄电池的性能测试与验证实训

1. 实训要求

① 按照标准作业程序（SOP），线束接插正确且到位，测试人员绝缘保护措施

视频

动力蓄电池
检测——测试
仪部分

视频

动力蓄电池
检测——操作

到位。

② 能完成动力蓄电池的性能测试。

③ 设备、工位隔离，禁止无关人员进入。

2. 实训准备

专用工具、设备，实验实训仪器、仪表、软件、工具工装、辅料等，智能充电机柜、EOL 测试柜。

3. 注意事项

① 故障诊断仪接口与车辆 OBD 接口连接前，确保车辆下电，故障诊断仪关机。

② 在电路带电的情况下，只能测量电压信号，禁止测量电阻。

③ 断开和连接电池管理系统的电路插接器前，关闭车辆电源。

4. 实施步骤

① 测试线束插接完成-短路侦测。

② CAN 总线通信检测。

③ 读取故障码。

④ 读取电池管理系统软硬件版本号。

⑤ 信息录入。

⑥ 高压互锁检测。

⑦ 继电器功能测试。

⑧ CC2 通信检测。

⑨ 充电功能测试。

⑩ 上下电测试。

⑪ 快充功能测试。

⑫ 慢充功能测试。

⑬ CrashPWM 测试。

⑭ 电压误差测量。

⑮ 单体电芯电压测试。

⑯ 电芯温度测试。

⑰ 水冷管温度测试。

⑱ 电池控制单元（BMU）绝缘电阻采集精度测试。

⑲ 故障判定。

⑳ 等电位测试。

㉑ 绝缘电阻测试。

㉒ 耐压测试。

㉓ 电流精度检测。

㉔ DCR 测试。

㉕ 调整 SOC 标定。

㉖ 清除 DTC 故障码。

㉗ 测试线束拆除。

5. 实训工单

任务三： 动力蓄电池性能评价与检测	小组人员：	
班级：	学号：	指导教师签字：
日期：		

实训　动力蓄电池的性能测试与验证实训

车型：	年次：	动力蓄电池总电压：
底盘型号：	VIN：	动力蓄电池模组数：

任务要求：
① 按照标准作业程序（SOP），线束接插正确且到位，测试人员绝缘保护措施到位。
② 能完成动力蓄电池的性能测试。
③ 设备、工位隔离，禁止无关人员进入

1. 工具、量具

2. 维修资料及辅助材料

3. 制订工作计划及人员分工

4. 工作现场安全准备、检查

作业：动力蓄电池的性能测试与验证实训

检 测 内 容	现象/检测参数	结 果 评 价
		正常□　损坏□
		正常□　损坏□
		正常□　损坏□
		正常□　损坏□
		正常□　损坏□

续表

5. 是否进行部件需要调整和更换

6. 总结本次任务重点

7. 本次任务存在的问题及解决方法

知识拓展

2020 年 3 月 29 日，比亚迪发布生产刀片电池，该电池为磷酸铁锂电池，将首先搭载于"汉"车型。刀片电池其实是一种对电芯厚度进行减薄、长度进行加宽后，扁平化设计的磷酸铁锂电池。刀片电池通过结构创新，在成组时可以跳过"模组"，大幅提高了体积利用率，最终达成在同样的空间内装入更多电芯的设计目标。相较于传统的电池包，在省去"模组"之后，刀片电池在电池包中的空间利用率大幅提升，从传统电池 40% 的空间利用率，提高到了 60%，这一特性直接让刀片电池成组后的系统能量密度提升了 50%，也就是说续驶里程可提升 50% 以上，达到了高能量密度三元锂电池的同等水平，刀片电池的设计使它在短路时产热少、散热快，并且在针刺试验中的表现非常优异。

2020 年，在德国法兰克福国际车展上，宁德时代公司推出了全新的 CTP 高集成动力电池开发平台，即电芯直接集成到电池包。宁德时代公司称，由于省去了电池模组组装环节，相较于传统的电池包，CTP 电池包体积利用率提高了 15%～20%，电池包零部件数量减少了 40%，生产效率提升了 50%，电池包能量密度提升了 10%～15%，将大幅降低动力蓄电池的制造成本。

任务练习

一、选择题

1. 某动力蓄电池由 24 串三元锂单体电池串联组成，额定容量均为 50 A·h，如果让你设置以 10 A 电流恒流充电的总电压上限，你认为总电压上限设置为（　　）V较为合理。

　　A. 100　　　　　　　B. 150　　　　　　　C. 200　　　　　　　D. 250

2. 某动力蓄电池由 24 串磷酸铁锂单体电池串联组成，额定容量均为 50 A·h，如果让你用恒流放电 2 h 将充满电的这组电池的电放完，那么应该设置的放电电流约为（　　）A。

  A. 10   B. 15   C. 20   D. 2

3. 某动力蓄电池由 24 串磷酸铁锂单体电池串联组成，额定容量均为 50 A·h，如果让你设置以 10 A 电流恒流放电的总电压下限，你认为总电压下限设置为（　　）V 较为合理。

  A. 10   B. 20   C. 40   D. 60

4. （　　）的单体电池电压最高。

  A. 锂离子电池   B. 铅酸蓄电池   C. 镍氢电池   D. 镍镉电池

5. （　　）不属于电池电压参数。

  A. 回路电压   B. 开路电压   C. 端电压   D. 额定电压

二、判断题

1. 高能量意味着更大的充放电电流。（　　）

2. 快速充电能力测试的目的是通过对动力蓄电池进行高位率充电来检测电池的快速充电能力，并考察其效率、发热及对其他性能的影响。（　　）

3. 为了节约，新旧电池可以一起使用。（　　）

4. 直流放电法可以在动态或联机的情况下进行。（　　）

5. SOC 就是电池的剩余容量。（　　）

三、简答题

1. 简述电动汽车对动力蓄电池的性能要求。

2. 简述动力蓄电池有哪些性能指标。

3. 简述动力蓄电池不一致性的原因。

任务四　动力蓄电池故障诊断与排除

任务目标

● **知识目标**

1. 了解动力蓄电池的故障分级；

2. 熟悉动力蓄电池的故障类型；

3. 了解动力蓄电池常见故障及处理方法；

4. 掌握动力蓄电池常见故障检修。

● **能力目标**

1. 能判断动力蓄电池的故障等级；

2. 能判断动力蓄电池的故障类型；

3. 能处理动力蓄电池常见故障并检修。

● **素养目标**

1. 培养互相交流、沟通以及阅读资料、自主学习的能力；
2. 培养认真负责的工作态度和一丝不苟的工作作风；
3. 培养爱岗敬业、团结协作、勇于创新的精神，增强安全意识。

任务导入

任务情境：一辆 2021 款吉利几何 A 电动汽车，总行驶里程 12 万 km，动力蓄电池故障灯点亮，动力蓄电池存在故障而无法行驶。

任务分析：根据车辆故障现象，维修技师用故障诊断仪检测车辆动力蓄电池，初步诊断为动力蓄电池的温度过高，需要拆卸动力蓄电池做进一步检查。为了更好地判断故障原因，需要就动力蓄电池故障类型处理方法等知识进一步学习。

知识准备

引导问题：新能源汽车动力蓄电池的故障的等级、类型以及解决的办法有哪些?

一、动力蓄电池的故障分级

根据故障对整车的影响，动力蓄电池将出现以下三个故障等级：

（1）一级故障（非常严重）

动力蓄电池处于此状态时其功能已经丧失，请求其他控制器立即（1 s 内）停止充电或放电。如果其他控制器在指定的时间内未做出响应，电池管理系统将在 2 s 后主动停止充电或放电，即断开高压继电器。

动力蓄电池上报该故障一段时间后会造成整车出现安全事故，如起火、爆炸、触电等，动力蓄电池在正常工作时不会上报该故障，电池管理系统一旦上报该故障，表明动力蓄电池处于严重滥用状态。

（2）二级故障（严重）

动力蓄电池处于此状态时其功能已经丧失，请求其他控制器立即停止充电或放电，其他控制器应在一定的延时时间内停止对动力蓄电池充电和放电。

动力蓄电池上报该故障会造成整车进入跛行、暂时停止能量回馈、停止充电状态。动力蓄电池正常工作时不会上报该故障，电池管理系统一旦上报该故障，表明动力蓄电池某些硬件出现故障或动力蓄电池处于非正常工作的条件下。

（3）三级故障（轻微）

动力蓄电池处于此状态时其功能已经下降，电池管理系统会降低最大允许充放电电流。

动力蓄电池上报该故障对整车无影响或不同程度地造成整车进入限功率行驶状态，动力蓄电池正常工作状态时可能上报该故障，电池管理系统一旦上报该故障，表明动力蓄电池处于极限环境温度下或单体电池一致性出现一定劣化等。

二、动力蓄电池的故障类型

在动力蓄电池中，按照故障发生的部位可以分为三类，即单体电池故障、电池管理系统故障、电路或插接器故障，表 2-4-1 所示为动力蓄电池的故障类型及处理方法。

表 2-4-1　动力蓄电池的故障类型及处理方法

项目	故障现象	故障后果	处理方法
单体电池故障	单体电池 SOC 偏低	动力蓄电池容量降低，电动汽车续驶里程短	给单体电池单独充电
电池管理系统故障	单体电池 SOC 偏高	动力蓄电池充电不足，使用寿命缩短，电动汽车续驶里程短 动力蓄电池内部短路，动力蓄电池热失控，严重时会引起起火、爆炸 动力蓄电池热失控，严重时会引起起火、爆炸	给单体电池单独放电
	单体电池容量不足		更换单体电池
	单体电池内阻偏大		检查电池管理系统
	单体电池过充电		更换单体电池
	单体电池过放电		
	单体电池内部短路		排除短路故障，更换单体电池
	单体电池外部短路		
	单体电池极性装反		更换单体电池
	CAN 总线故障	无法监控电动汽车	检查 CAN 总线网络
电路或插接器故障	总电压测量故障	无法监控动力蓄电池总电压	检查总电压测量模块
	单体电池电压测量故障	无法监控单体电池电压	检查单体电池电压测量模块
	温度测量故障	无法监控电池温度	检查温度测量模块
	电流测试故障	无法监控电池电流	检查电流测量模块
	冷却系统故障	电池温度偏高	检查冷却风扇控制电路
	电池间虚接	电动汽车动力不足，续驶里程短	紧固电池连接
	电池间断路	电动汽车无法起动	检查电池连接
	快速熔断器断开	插接器易烧蚀，电动汽车动力不足	检查快速熔断器
	动力蓄电池插接器断开		检查动力蓄电池插接器
	动力蓄电池插接器虚接		
	信号电插接器故障	无法监控电动汽车	检查信号电插接器
	正极继电器故障	电动汽车无法起动	检查继电器
	负极继电器故障	电流热失控，严重时会引起起火、爆炸	检查电源线
	电源线短路		

三、动力蓄电池常见故障及处理方法

1. 电压类故障

（1）单体电池电压高

整车充满电静置后，动力蓄电池的某个单体电池或某几个单体电池电压明显偏高，其他单体电池正常。

故障原因如下：

① 采集误差。

② 均衡管理单元（LMU）均衡功能差或失效。

③ 动力蓄电池的单体电池容量低，充电时电压上升较快。

处理方法如下：

① 单体电池电压显示值较其余单体电池偏高，测量单体电池实际电压值进行比对，若实际值较显示值低，且与其他单体电池电压相同，则以实际值为标准通过 LMU 对单体电池电压进行校准；若测量值与显示值相符，则人工对单体电池进行放电均衡。

② 检查电压采样线是否断裂、虚接。

③ 更换 LMU。

（2）单体电池电压低

整车充满电静置后，动力蓄电池的某个单体电池或某几个单体电池电压明显偏低，其他单体电池正常。

故障原因如下：

① 采集误差。

② LMU 均衡功能差或失效。

③ 单体电池自放电率大。

④ 单体电池容量低，放电时电压下降较快。

处理方法如下：

① 单体电池电压显示值较其余单体电池偏低，测量单体电池的实际电压值并进行比对，若实际值较显示值高，且与其他单体电池电压相同。则以实际值为标准通过 LMU 对单体电池电压进行校准；若测量值与显示值相符，则人工对单体电池进行充电均衡。

② 检查电压采样线是否断裂、虚接。

③ 更换 LMU。

④ 对故障单体电池进行更换。

（3）压差（动态压差/静态压差）

充电时，动力蓄电池的某个或某几个单体电池电压迅速升至充电截止电压，充电截止；踩下加速踏板时，这些单体电池电压比其他单体电池下降迅速；踩下制动踏板时，该单体电池电压比其他单体电池上升迅速。

故障原因如下：

① 连接单体电池铜牌的紧固螺母松动。

② 连接面有污物。

③ 单体电池自放电率大。

④ 单体电池焊接连接铜牌开焊（造成该单体电池容量低）。

⑤ 个别单体电池漏液。

处理方法如下：

① 对紧固螺母进行紧固。

② 清除连接面异物。

③ 对单体电池进行充/放电均衡。

④ 对问题单体电池进行更换。

（4）电压跳变

车辆运行或充电时，某个或某几个单体电池电压跳变。

故障原因如下：

① 电压采集线连接点松动。

② LMU 故障。

处理方法如下：

① 对连接点进行紧固。

② 更换 LMU。

2. 温度类故障

（1）**热管理故障**

① 加热故障（加热片）：当动力蓄电池在充电时，此时温度低于某一数值，加热功能不开启。

故障原因如下：

a. 加热继电器或 BMU 故障。

b. 加热片或加热继电器供电电路异常。

处理方法如下：

a. 修复或更换加热继电器或 BMU。

b. 检查修复供电电路。

② 散热故障（风扇）：当动力蓄电池温度高于某一数值后，风扇未工作。

故障原因如下：

a. 风扇继电器或 BMU 故障。

b. 风扇或风扇继电器供电电路异常。

处理方法如下：

a. 修复或更换风扇继电器或 BMU。

b. 检查修复供电电路。

（2）**温度高**

动力蓄电池中某个或者某几个温度点温度偏高，运行或充电中达到报警阈值。

故障原因如下：

① 温度传感器故障。

② LMU 故障。

③ 电路连接异常，局部发热。

④ 风扇未开启，散热差。

⑤ 靠近电机等热源。

⑥ 过充电。

处理方法如下：

① 测量温度传感器电阻值，与显示值进行比对，若实际值较显示值低，且与其他温度值相同，则以实际值为标准对 LMU 温度值进行校准。

② 紧固电路连接点，清除连接点异物。

③ 确保风扇开启。

④ 增加隔热材料，与热源进行隔离。

⑤ 暂停运行进行散热。

⑥ 立即停止充电。

⑦ 更换 LMU。

（3）温度低

动力蓄电池中某个或者某几个温度点温度偏低，运行或充电中达到报警阈值。

故障原因如下：

① 温度传感器故障。

② LMU 故障。

③ 局部加热片异常。

处理方法如下：

① 测量温度传感器电阻值，与显示值进行比对，若实际值较显示值高，且与其他温度值相同，则以实际值为标准对 LMU 温度值进行校准。

② 检查修复加热片。

③ 更换 LMU。

（4）温差

参照高低温排查方法，个别单体电池发热，温度差异大时需更换单体电池。

3. 充电故障

（1）直流充电故障

充电无法启动，充电跳枪，充电结束后 SOC 不复位。

故障原因如下：

① 动力蓄电池故障（电压、温度、绝缘等异常）。

② BMU 故障（充电模块或充电 CAN 总线异常）。

③ 负极、充电继电器异常。

④ CC1 对地电阻、CC2 对地电压异常。

⑤ PE 接地异常。

处理方法如下：

① 排除动力蓄电池故障。

② 修复/更换失效部件。

③ 截存充电报文，分析故障原因。

（2）交流充电故障

故障原因如下：

① 动力蓄电池故障（电压、温度、绝缘等异常）。

② BMU 故障（充电模块或充电 CAN 总线异常）。

③ 负极、充电电器异常。

④ CC 对地电阻、CP 对地电压异常。

⑤ PE 接地异常。

处理方法如下：

① 排除动力蓄电池故障。

② 修复/更换失效部件。

③ 截存充电报文，分析故障原因。

4. 绝缘故障

故障原因如下：

① 动力蓄电池箱或插件进水。

② 单体电池漏液。

③ 环境湿度大。

④ 绝缘误报。

⑤ 整车其他高压部件（控制器、压缩机等）绝缘不良。

处理方法如下：

① 正极对地，如果有电压或绝缘阻值小于规定值，则判定负极电路漏电。

② 负极对地，如果有电压或绝缘阻值小于规定值，则判定正极电路漏电。根据其漏电电压大小除以此时的单体电池电压值就可以计算出漏电点位，然后根据不同情况进行分析处理。

5. 通信故障

LMU 通信故障和 BMU 通信故障：整车只有一个或几个 LMU 信息，或整车没有电池管理系统信息。

故障原因如下：

① LMU/BMU 故障。

② LMU/BMU 供电电路或通信电路接触不良/故障。

③ 信号干扰。

处理方法如下：

① 更换 LMU/BMU。

② 检查修复供电电路/通信电路。

③ 检查屏蔽线，查找消除干扰源。

6. SOC 异常

（1）SOC 不准确

充电电量+标称容量＝充电的 SOC

若"充电的 SOC"+"剩余的 SOC"较实际显示值有偏差或者根据 SOC 与开路电压（OCV）的对应关系估算实际电量与 SOC 不对应，即认为 SOC 不准确。

（2）SOC 不变化

故障原因如下：

① 通信异常（数据缺失）。

② 电流异常（霍尔及其输入输出电路）。

③ BMU 故障。

④ 其他单体电池报警。

处理方法如下：

① 确保数据完整。

② 修复/更换失效部件。

③ 消除所有单体电池报警。

（3）SOC 下降快

故障原因如下：

① 通信周期异常。

② 电流异常（霍尔正向电流大、反馈电流小）。

③ 单体电压偏低，下降快。

④ BMU 故障。

⑤ 低温。

处理方法如下：

① 更新 BMU 程序。

② 修复/更换失效部件。

（4）SOC 下降慢

故障原因如下：

① 通信周期异常。

② 电流异常（霍尔正向电流小、反馈电流大）。

③ BMU 故障。

处理方法如下：

① 更新 BMU 程序。

② 修复/更换失效部件。

（5）SOC 跳动

确认程序版本号是否正确。

7. 电流异常

故障原因：

① 霍尔及其输入输出电路。

② 霍尔反装。

③ 直流充电时，如果电池管理系统需求电压或电流为 0 时，充电机按最小输出能力输出。

处理方法如下：

① 更新 BMU 程序。

② 修复/更换失效部件。

任务实训

实训　吉利几何汽车动力蓄电池故障检修实训

1. 实训要求

① 实操前小组成员做好分工，故障诊断过程中加强沟通合作。

② 学会正确观察动力蓄电池故障现象，能根据故障现象分析故障的可能原因。

③ 正确操作故障诊断仪，对读取的故障码进行合理分析，明确诊断的方向。

④ 学会查阅维修手册和电路图，在实车上找到正确的测量点，并对测量数据进行准确的分析。

2. 实训准备

① 防护装备：绝缘防护装备。

② 车辆、台架、总成：吉利几何汽车或同类车型台架。

③ 专用工具、设备：对应车型故障诊断仪、万用表，或其他适用的设备。

④ 手工工具：新能源汽车维修组合工具。

⑤ 辅助材料：诊断与维修必要的熔丝等耗材。

3. 注意事项

蓄电池电压一定要充足，要在 11.5 V 以上。

4. 实施步骤

① 连接诊断仪。

把 OBD 凸接口与故障诊断仪连接，如图 2-4-1 所示，摁下制动开关，启动点火开关，进行系统扫描。

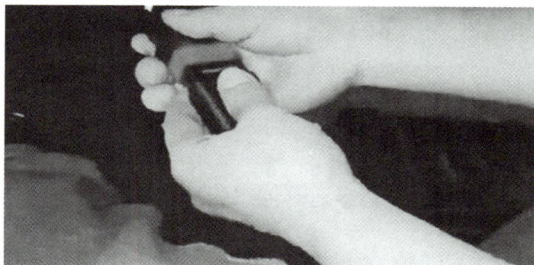

图 2-4-1　把 OBD 凸接口与诊断仪连接

② 扫描出来故障码后，按照故障码进行诊断处理。

检测出来的故障码是动力蓄电池单元故障。

③ 用万用表量蓄电池电压。

经过检测，蓄电池电压为 12 V，结论为正常，如图 2-4-2 所示。

图 2-4-2   用万用表量蓄电池电压

④ 检测动力蓄电池控制端的输入的熔丝（图 2-4-3）。

通过熔丝盒盖找到熔丝拔下。目测熔丝没有熔断，使用万用表检测。插入熔丝，插入熔丝之后，测量熔丝与搭铁线之间的电压。证明熔丝正常。

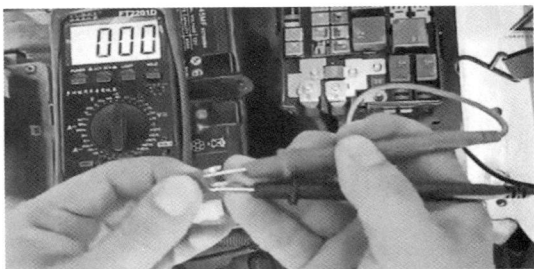

图 2-4-3   检测动力电池控制端的输入的熔丝

⑤ 检测熔丝端到动力电池 BMS 的端口的线路，如图 2-4-4 所示。

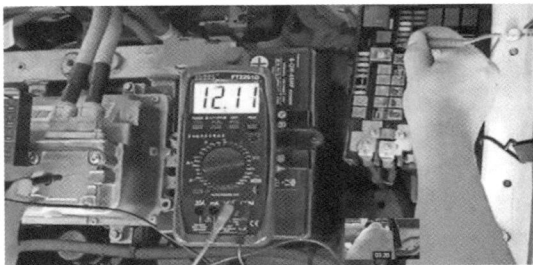

图 2-4-4   检测熔丝端到动力电池 BMS 的端口的线路

⑥ 检查动力蓄电池的 BMS 的输出端和输入端到动力蓄电池之间的线路是否连接。

　　使用工具拔下动力蓄电池输入端子，然后把输入端子翻过来，这时我们需要识别端子的编号，上面标有1、2、3、4、5、6、7，我们通过万用表来检测1号端子和7号端子之间的电压值，经过检测，电压值为12 V，证明输入端子电压正常，如图2-4-5所示。

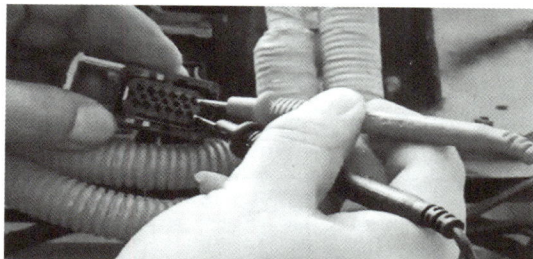

图2-4-5　测1号端子和7号端子电压

　　⑦ 判断是否出现短路。

　　测试将万用表的表笔直接搭在搭铁线上，测得2号端子与车身搭铁之间的电阻值小于1 Ω，证明2号端子搭铁正常，如图2-4-6所示。

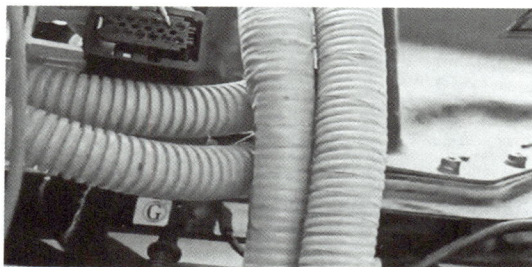

图2-4-6　测2号端子和车身搭铁之间的电阻值

　　⑧ 当测量了1号端子和7号端子以及2号端子这三个端子，结果都正常之后，没有发现什么其他问题，熔丝也没有问题，这时候就要考虑是不是BMS的模块出现故障，当外部因素全部判断完毕之后，如果没有检测到故障发生点，故障依旧存在，这时候需要更换动力蓄电池的BMS模块。

5. 实训工单

任务四： 动力蓄电池故障诊断与排除		
班级：	学号：	指导教师签字：
日期：		
实训　吉利几何汽车动力蓄电池故障检修实训		
车型：	年款：	动力电池总电压：
底盘型号：	VIN：	动力电池总容量：

续表

任务要求：
① 实操前小组成员做好分工，故障诊断过程中加强沟通合作。
② 学会正确观察动力蓄电池故障现象，能根据故障现象分析故障的可能原因。
③ 正确操作诊断仪，对读取的故障代码进行合理分析，明确诊断的方向。
④ 学会查阅维修手册和电路图，在实车上找到正确的电气测量点，并对电气测量数据进行准确的分析

1. 诊断设备、测量仪表

2. 维修资料及辅助材料

3. 制定工作计划及人员分工

4. 工作现场安全准备、检查

作业：动力蓄电池故障诊断与排除

诊 断 步 骤	故障现象/测量参数	结 果 评 价
		正常□　　异常□
		正常□　　异常□
		正常□　　异常□
		正常□　　异常□
		正常□　　异常□

5. 是否进行零部件的检查及更换

6. 总结本次任务重点

7. 本次任务存在问题及解决方法

知识拓展

固态电池是下一代动力蓄电池产业的重要发展方向

固态电池，即全固态锂二次电池。在传统的液态锂离子动力蓄电池体系中，正负极所用的材料在很大程度上决定了电池本身的带电量，即能量密度，而电解液与隔膜是作为锂离子的传输媒介存在于电池结构中。而在固态电池的结构中，因其固态电解质既可传导锂离子，又可起到隔膜的作用，因此，电解液、电解质盐隔膜与黏接剂聚偏氟乙烯等材料都可以被省略。同时，因其固态电解质总体而言结构较为稳定，加上其电解质具有不易泄漏、易封装及工作范围宽等特性，所以安全性和操作性也得到了显著提升。

目前，市场上主流的固态电池按电解质的类型不同可分为三种，即聚合物电解质、硫化物电解质与氧化物电解质。其中，聚合物电解质属于有机电解质，而后两种属于无机电解质。在目前主流的固态电池体系中，硫化物固态电池由于其本身制作工艺及成本问题，生产环境要求极为苛刻，同时易产生 H_2S 等有害气体，有严重的安全隐患，因此虽然性能最佳，但工业化难度较大，而聚合物方面则存在充电倍率较差，能量密度极低，同时只有在 60℃ 以上才能正常工作的问题，因此同样难以作为动力蓄电池来使用。而氧化物固态电池具有较为综合的性能与成本、相对较低的技术难度，就目前来看更可能成为未来固态电池的主要技术路线。

任务练习

一、选择题

1. 动力蓄电池绝缘电阻的检查用的测量工具是（　　）。
A. 故障诊断仪　　　　B. 电压表　　　　C. 示波器　　　　D. 万用表

2. 纯电动汽车的电源管理控制器发生故障时，会导致高压系统内接触器不能工作，使车辆失去动力而不能行驶，同时位于仪表的（　　）故障指示灯将点亮。
A. 动力系统　　　　B. ABS　　　　C. 电池　　　　D. 安全气囊

3. 关于电源管理控制器电路的检查用到的测量工具是（　　）。
A. 故障诊断仪　　　　B. 示波器　　　　C. 万用表　　　　D. 电流钳

4. （　　）是控制高电压接通与关闭的执行部件，内部主要由多个接触器与继电器组成，这些接触器或继电器由电源管理控制器控制。
A. 动力蓄电池　　　　B. 高压配电箱　　　C. 电机　　　　D. DC-DC 转换器

5. 测量电机控制器高压 W 线的电流用到的工具是（　　）。
A. 万用表　　　　　　B. 故障诊断仪　　　C. 电流钳　　　　D. 电流表

二、判断题

1. 进行动力蓄电池诊断时，应利用故障诊断仪读取动力蓄电池数据，并配合接线板进行实测，通过最终数据判断是动力蓄电池故障，还是电源管理控制器、高压配电箱或其他组件故障。（　　）

2. 动力蓄电池的单体电池电压值异常，单体电压过高会导致无法充电，过低会导致断电保护。（　　）

3. 纯电动汽车电源管理控制器是整车辅助电池的主控模块。（　　）

4. 电源管理控制器是高压配电箱内继电器与接触器的诊断主控模块，会诊断接触器是否按照预定的要求打开与关闭。（　　）

5. 断开插接器时，不需要断电。（　　）

三、简答题

1. 动力蓄电池的故障可以分为几个等级？
2. 简述动力蓄电池的故障类型。
3. 若动力蓄电池发生绝缘故障怎么处理？

【工匠故事】

为火箭焊接"心脏"的人

焊接技术千变万化，极难掌握，为火箭发动机焊接，就更不是一般人能胜任的了，高凤林就是一个为火箭焊接"心脏"的人。

高凤林，中国航天科技集团公司第一研究院211厂特种熔融焊接工、发动机零部件焊接车间班组长，特级技师。

30多年来，高凤林先后参与北斗导航、嫦娥探月、载人航天等国家重点工程以及长征五号新一代运载火箭的研制工作，一次次攻克发动机喷管焊接技术世界级难关，出色完成亚洲最大的全箭振动试验塔的焊接攻关，还被丁肇中教授选择，成功解决反物质探测器项目难题。高凤林先后荣获国家科技进步二等奖、全军科技进步二等奖等20多个奖项。

绝活不是凭空得，功夫还得练出来。

高凤林吃饭时拿筷子练送丝，喝水时端着盛满水的杯子练稳定性，休息时举着铁块练耐力，冒着高温观察铁水的流动规律；为了攻克国家某重点攻关项目，近半年的时间，他天天趴在冰冷的产品上，关节麻木了、青紫了，他甚至被戏称为"和产品结婚的人"。2015年，高凤林获得全国劳动模范称号。

高凤林以卓尔不群的技艺和劳模特有的人格魅力、优良品质，成为新时代高技能工人的时代坐标。

项目三 ▶▶▶

新能源汽车电池管理系统

▶ **项目描述**

动力蓄电池是电动汽车的能量源，其性能发挥的好坏直接影响车辆的动力性能、续驶里程、可靠性能和安全性能，而电池管理系统对动力蓄电池性能的发挥起到决定性关键作用。电池管理系统通过电压、电流、温度等信息的采集与分析，实现对动力电池包的状态估计、能量管理、热管理、安全管理、充电管理和故障诊断管理。

本项目主要学习新能源汽车电池管理系统，分为以下3个任务：

任务一　电池管理系统认知
任务二　电池管理系统的检测
任务三　电池管理系统故障诊断

通过对3个任务的学习，可以了解新能源汽车电池管理系统的结构原理及数据采集，掌握新能源汽车电池管理系统的拆装方法和拆装流程，并掌握电池管理系统数据流与故障码读取方法和分析方法，能完成电池管理系统的检修。

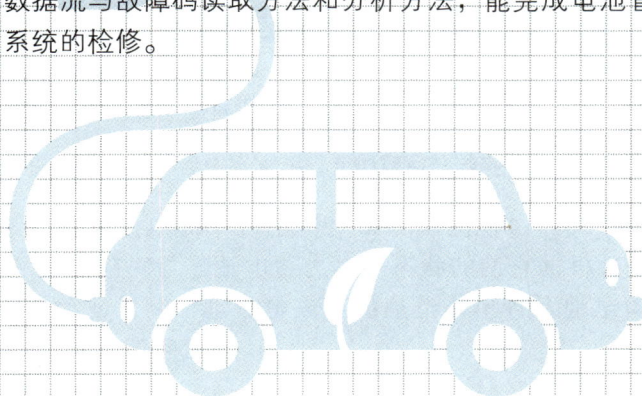

任务一　电池管理系统认知

任务目标

- **知识目标**
1. 了解电池管理系统的结构及功能；
2. 理解动力蓄电池数据采集、能量管理、热管理、安全管理、充电管理及故障诊断管理的机理；
3. 掌握电池管理系统的拆装方法和拆装流程。
- **能力目标**
1. 能在实车上找到电池管理系统的组成部件；
2. 按规范完成电池管理系统主控模块的拆装。
- **素养目标**
1. 培养互相交流、沟通以及阅读资料、自主学习的能力；
2. 培养认真负责的工作态度和一丝不苟的工作作风；
3. 培养爱岗敬业、团结协作、勇于创新的精神，增强安全意识。

任务导入

任务情境：一辆 2021 款吉利几何电动汽车，行驶总里程 15 万 km，用户反映该车点火开关打开时，不能高压上电，组合仪表动力蓄电池故障指示灯点亮。

任务分析：根据车辆故障现象，维修技师用故障诊断仪检测车辆电池管理系统，初步诊断为电池管理系统控制单元损坏，需要拆卸电池管理系统控制单元做进一步检查。为了更好地对电池管理系统控制单元进行检查，需要进行电池管理系统结构、功能和原理等知识的学习。

知识准备

引导问题 1：新能源汽车电池管理系统由哪几部分组成？并具有什么功能？

一、电池管理系统的结构和功能

电池管理系统通过检测动力蓄电池中各单体电池的状态来确定整个动力蓄电池的状态，并根据它们的状态对动力蓄电池进行对应的控制调整和策略实施，实现对动力蓄电池及各单体电池的充放电管理，以保证动力蓄电池安全稳定的运行。

1. 电池管理系统的基本构成和功能

电池管理系统主要由传感器、执行器和控制器（ECU）等组件构成。采集系统的电压、电流和温度等数据，进行复杂的计算，与整车其他部件进行通信，完成特定的功能，实施判定系统的运行边界，控制系统的异常状态等，智能化管理及维护各电池单元，防止动力蓄电池出现过充电和过放电，延长动力蓄电池的使用寿命。在功能上，电池管理系统主要包括数据采集、电池状态计算、能量管理、安全管理、均衡控制、热管理、通信功能等，如图 3-1-1 所示。

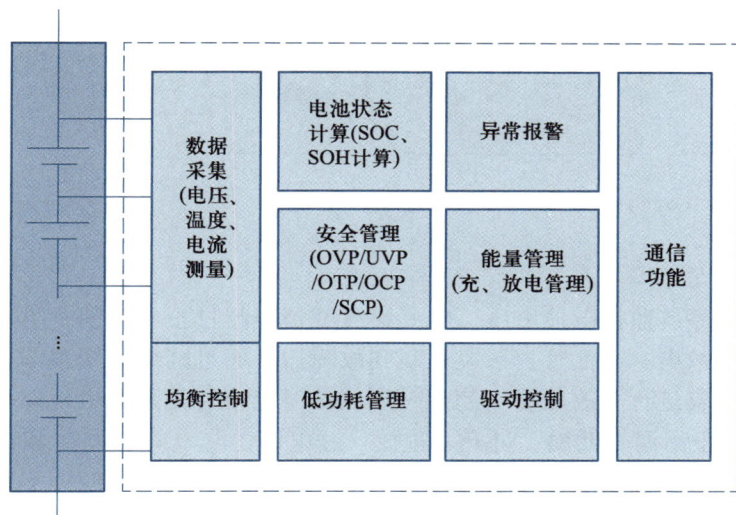

图 3-1-1　电池管理系统的功能

（1）数据采集

电池管理系统按动力蓄电池内安装的传感器提供的信号对动力蓄电池进行管理，主要采集单体电池电压、动力蓄电池总电压、环境和电池温度、电流等。电池管理系统的所有算法、电动汽车的能量控制策略、驾驶人的驾驶信息等都以采集的数据作为输入，采样速率、精度和前置滤波特性是影响电池包性能的重要指标。电动汽车电池管理系统的采样速率一般要求大于 200 Hz（50 ms）。

（2）电池状态计算

电池状态计算包括电池组荷电状态（State Of Charge，SOC）和电池组健康状态（State Of Health，SOH）两方面。SOC 用来提示动力蓄电池剩余电量，是计算和估计电动汽车续驶里程的基础。SOH 用来提示动力蓄电池技术状态，预计可用寿命等健康状态的参数。电池管理系统准确估测动力蓄电池的荷电状态，防止由于过充电或过放电对动力蓄电池的损伤，从而随时预报电动汽车动力蓄电池还剩余多少能量或者动力蓄电池的荷电状态。

（3）能量管理

能量管理主要是充电和放电管理，分为以电流、电压、温度、SOC 和 SOH 为输入进行充电过程控制，以 SOC、SOH 和温度等参数为条件进行放电功率控制两个部分，如图 3-1-2 所示。

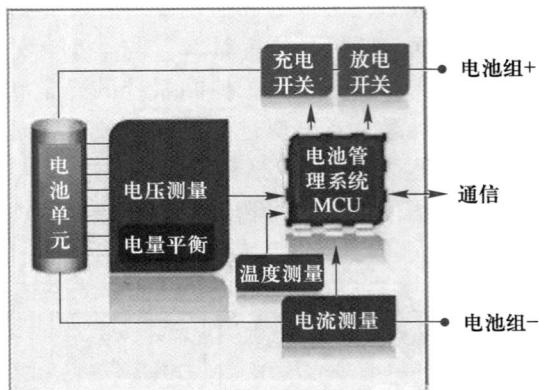

图 3-1-2 能量管理

（4）安全管理

电池管理系统监视电池电压、电流和温度是否超过正常范围，防止动力蓄电池过充电、过放电。电池管理系统诊断到故障后，通过网络通知整车控制器，并要求整车控制器进行有效处理（超过一定阈值时电池管理系统也可以切断主回路电源），以防止高温、低温、过充、过放、过电流、漏电等对电池和人身造成伤害。随着汽车技术的发展，在对动力蓄电池进行整组监控的同时，多数电池管理系统已经发展到对单体电池进行过充电、过放电等安全状态管理。

（5）均衡控制

类似"木桶原理"，动力蓄电池的工作状态是由最差单体电池决定的。不一致性的存在使动力蓄电池的容量小于其中单体电池的容量之和。均衡控制是根据单体电池信息，在动力蓄电池各个单体电池之间设置均衡电路。实施均衡控制是为了使各单体电池充、放电的工作情况尽量一致，提高整体动力蓄电池的工作性能。

均衡控制有主动均衡和被动均衡两种。主动均衡（图 3-1-3）是能量的转移，基于削峰填谷的理念。其具体的实现形式不统一，有通过变压器进行能量转移的，也有利用电容、电感等储能器件进行能量转移的。被动均衡（图 3-1-4）是能量的消耗，把电压高的电芯接入电阻回路，让多出来的电量消耗在电阻上。

（6）热管理

动力蓄电池热管理其实就是冷却和加热，如图 3-1-5 所示。根据动力蓄电池内温度分布信息及充放电需求，决定主动加热/散热的强度，使电池尽可能工作在最适合的温度，充分发挥电池的性能。电池工作温度过高时，热管理系统开启冷却功能；低于适宜工作温度下限时，热管理系统开启加热功能。同时，在电池工作过程中总保持单体电池间温度均衡。对于大功率放电和高温条件下使用的电池，电池的热管理尤为必要。

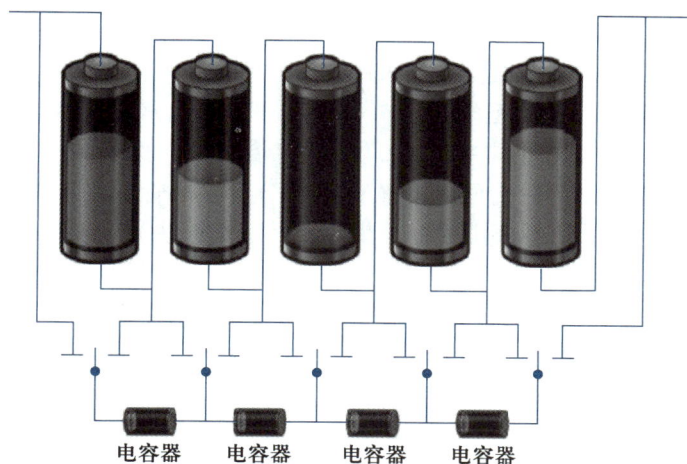

图 3-1-3　主动均衡

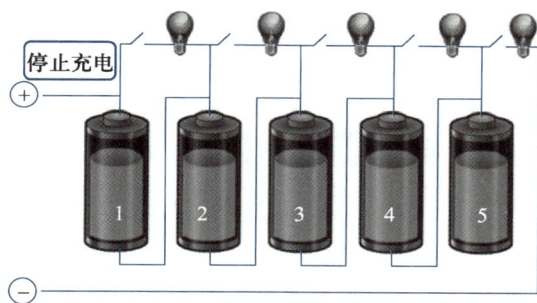

图 3-1-4　被动均衡

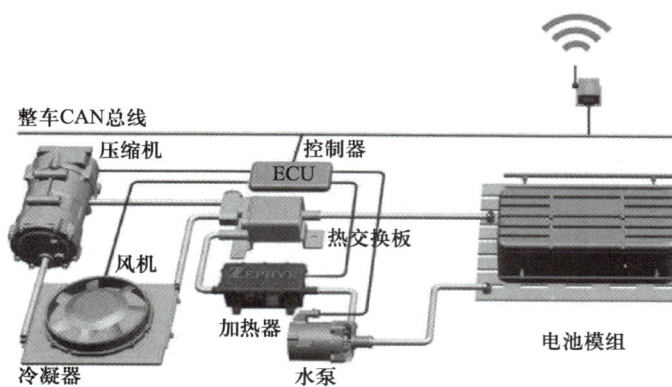

图 3-1-5　动力蓄热管理结构图

（7）通信功能

电池管理系统需要与整车控制器等网络节点通信，可以实现电池参数和信息与车载设备或非车载设备的通信，为充放电控制、整车控制提供数据依据。数据交换可采用不同的通信接口，如模拟信号、PWM（脉冲宽度调制）信号、CAN 总线或 C 串行接口，一般的车载网络均采用 CAN 总线技术。

2. 典型电池管理系统的组成

电池管理系统类似其他电控系统，也是由传感器、执行器、控制器（ECU）等组件构成的，按性质可分为硬件和软件两部分。电池管理系统在硬件上可以分为主控模块和从控模块，主要由数据采集单元（采集模块）、中央处理单元（主控模块）、显示单元、均衡单元检测模块（电流传感器、电压传感器、温度传感器、漏电检测）、控制部件（熔断装置、继电器）等组成。中央处理单元由高压控制回路和主控板等组成，数据采集单元由温度采集模块和电压采集模块等组成。一般采用 CAN 现场总线技术实现相互间的信息通信。电池管理系统的软件包括监测电池的电压、电流、SOC 值、绝缘电阻值、温度值，通过与整车控制器（VCU）、车载充电机的通信，来控制动力蓄电池系统的充放电。但不同车型的组成也不完全相同，本任务以吉利几何电动汽车为例介绍电池管理系统的组成。

吉利几何电动汽车电池管理系统按功能分为控制单元、数据采集系统及辅助元器件，各单元之间通过 CAN 总线进行通信。

（1）电池控制单元（BMU）

BMU 集成于动力电池总成内部，是电池管理系统的核心部件，BMU 通过 CAN 总线接收信息采集系统（CSC）传递来的电池各基本信息；将单体电池的电压、电流、温度及整车高压绝缘等信息上报整车控制器，并根据整车控制器的指令完成对动力蓄电池的控制。

（2）信息采集系统

吉利几何电动汽车的动力蓄电池有 17 个电池模组，每个电池模组配备一套信息采集系统，信息采集系统监测每个单体电池和电池模组的电压和温度信息。信息采集系统将相关信息上报 BMU，并根据 BMU 的指令执行电池单体电压均衡。

（3）高压分配单元（B-BOX）

高压分配单元安装在动力蓄电池总成的正负极输出端，由高压正极继电器、高压负极继电器、预充继电器、电流传感器和预充电阻等组成。高压分配单元通过控制高压继电器控制高压电路的通断，同时高压分配单元还将动力蓄电池总电流监测信号转换成低压信号发送到总线上。高压继电器的工作原理是通过继电器线圈侧的低压电信号来控制开关侧高压主电路的通断。

（4）辅助元器件

辅助元器件主要包括动力蓄电池系统内部的电子电器元件（如熔断器、电流传感器、分流器、插接件等）、维修开关以及电子电器元件以外的辅助元器件，如密封条、绝缘材料。熔断器的作用是当动力蓄电池出现故障或其他原因导致输入或输出电流变大后，该熔断器会烧断，断开电池模组的串联，使电路变成断路，从而保护车辆。电流传感器可以检测动力蓄电池的放电电流和充电电流。

引导问题 2：电池管理系统如何有机协调各组成部件高质量完成电池管理系统的功能呢？

二、电池管理系统的原理

最早的电池管理系统仅仅进行电池一次测量参数（电压、电流、温度等）的采集，之后发展到二次参数（SOC、内阻）的测量和预测，并根据极端参数进行电池状态预警。现阶段电池管理系统除完成数据测量和预警功能外，还通过数据总线直接参与车辆状态的控制。

吉利几何电动汽车电池管理系统的主要工作原理可归纳为：电池管理系统通过通信接口与整车控制器、电机控制器、车载显示系统等进行通信，如图 3-1-6 所示。整个工作过程大致为：首先利用数据采集单元（CSC）采集动力蓄电池的电流、电压和温度等数据，然后将采集到的数据上报给电池控制单元（BMU），并根据 BMU 的指令执行单体电压均衡。BMU 将单体电压、电流、温度及整车高压绝缘等信息上报整车控制器（VCU），并根据整车控制器的指令完成对动力蓄电池的控制。

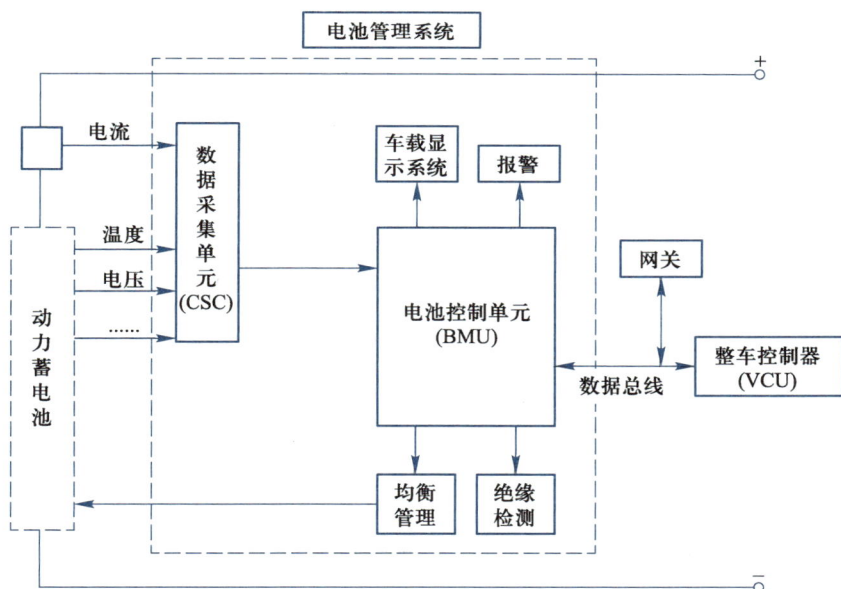

图 3-1-6 吉利几何电动汽车电池管理系统的工作原理

吉利几何电动汽车的电池管理系统能够对动力蓄电池总电压、总电流、每个测点温度和单体电池的电压参数进行实时监控，并进行故障诊断、SOC（剩余电量比）计算、短路保护、漏电监测、报警显示、充放电模式选择等。电池管理系统可以将动力蓄电池相关参数上报整车控制器，由整车控制器控制动力蓄电池的充电和放电功率。

交流充电时，充电枪与车辆交流充电口连接，车载充电机发送充电唤醒信号给电池管理系统，电池管理系统检测动力蓄电池是否满足充电条件，如条件满足，电池管理系统与充电桩进行充电握手操作，交互充电桩和动力蓄电池的参数信息对动力蓄电池进行充电。交直流充电控制原理框图如图 3-1-7 所示，如条件不满足，电池管理系统向充电桩反馈不满足充电条件和响应消息，充电桩切断与动力蓄电池的物理连接。

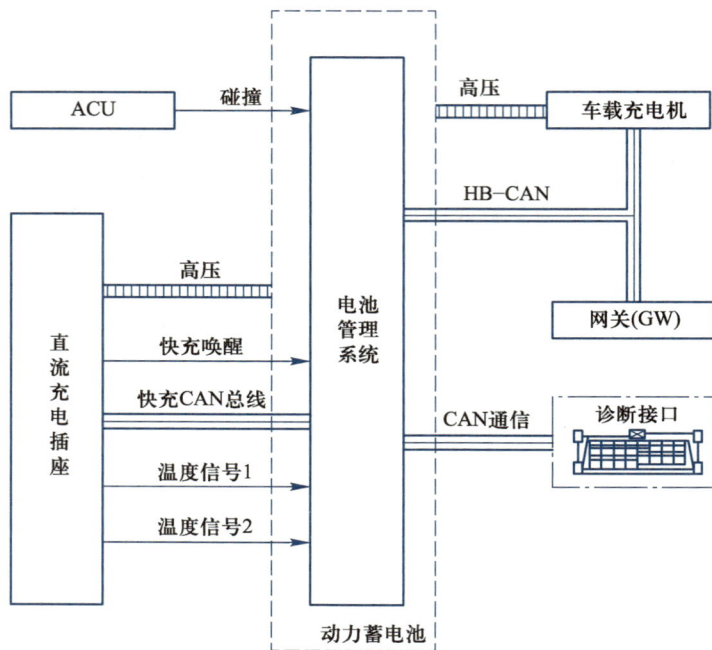

图 3-1-7　吉利几何电动汽车充电系统原理框图

直流充电设备连接车辆直流充电口时，直流充电设备发送充电唤醒信号给电池管理系统，电池管理系统根据动力蓄电池可充电功率，向直流充电设备发送充电电流指令，同时电池管理系统吸合系统高压正极继电器和高压负极继电器，动力蓄电池开始充电。

任务实训

实训一　吉利几何电动汽车电池管理系统认知

不同品牌的车型，电池管理系统的安装位置不同，电池管理系统的常见安装位置有动力蓄电池总成内部和动力蓄电池总成外部。吉利几何电动汽车电池管理系统集成于动力蓄电池总成内部。本任务主要对电池管理系统进行认知学习。

1. 实训要求

① 能完成电池管理系统各组成部件外观及安装位置认知。

② 能完成电池管理系统插接器和端子认知。

③ 能完成电池管理系统内部结构认知。

④ 设备、工位隔离，禁止无关人员进入。

2. 实训准备

安全防护装备：防护手套、绝缘安全鞋、警示围栏、警示牌、绝缘防护用具等。

专用工具、设备：吉利几何电动汽车电池管理系统、数字万用表、绝缘工具套装、普通工具套装。

参考资料：吉利几何电动汽车维修手册、吉利几何电动汽车电路图。

3. 注意事项

① 认知操作前必须保证绝缘良好，防止触电。

② 在进行各插接件的插拔操作前必须先断开电池管理系统的电源。

③ 禁止用手触摸插接件端子和模块内部电路，防止静电击穿电子元件。

4. 实施步骤

（1）电池管理系统位置认知

吉利几何电动汽车使用了三款动力蓄电池，分别是宁德时代、威睿+CATL、威睿+XWD。通过三款动力蓄电池分解图学习电池管理系统主控模块的安装位置，如图 3-1-8~图 3-1-10 所示。

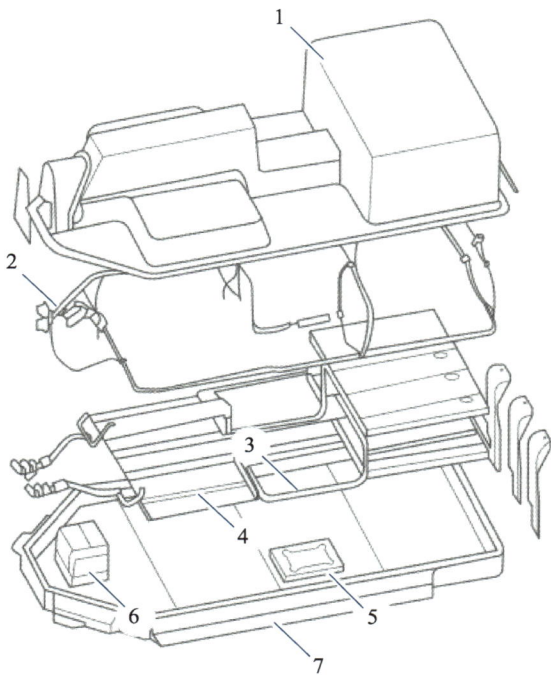

1—电池箱盖；2—内部线束；3—水管连接管；4—水冷板；5—电池管理系统；
6—高压控制盒；7—电池包底板

图 3-1-8　吉利几何电动汽车动力蓄电池内部分解图（宁德时代）

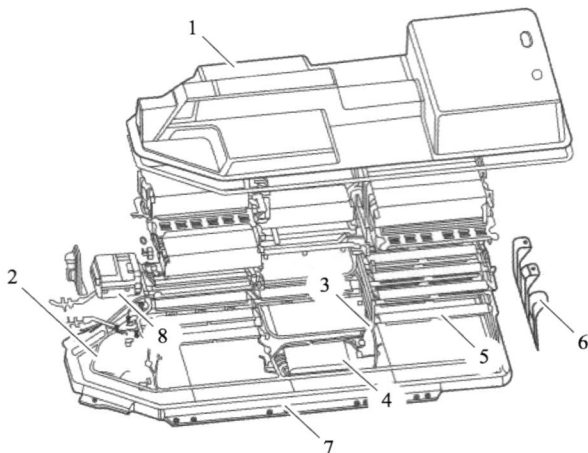

1—电池箱盖；2—内部线束；3—水管连接管；4—电池管理系统；5—水冷板；
6—电池包后部安装支架；7—电池包底板；8—高压分配单元

图 3-1-9　吉利几何电动汽车动力蓄电池内部分解图（威睿+CATL）

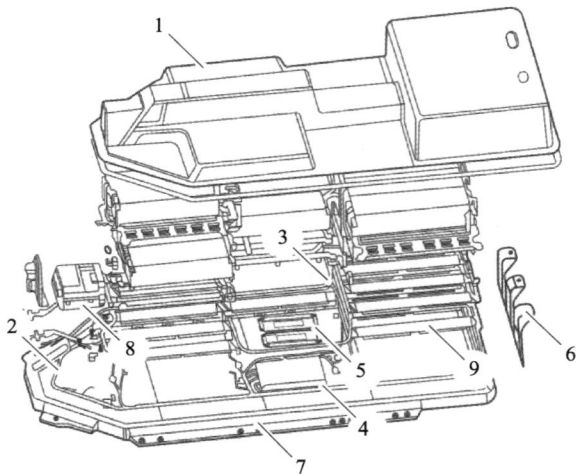

1—电池箱盖；2—内部线束；3—水管连接管；4—电池管理系统（主控模块）；
5—电池管理系统（从控模块）；6—电池包后部安装支架；7—电池包底板；
8—高压分配单元；9—水冷板

图 3-1-10　吉利几何电动汽车动力蓄电池内部分解图（威睿+ XWD）

（2）电池管理系统端子认知

电池管理系统模块线束插接器有 CA69 BMS A 和 CA70 BMS B 两种，端子接口如图 3-1-11 所示。

电池管理系统的两款插接器端子含义不同，CA69 BMS A 电池管理系统端子列表见表 3-1-1，CA70 BMS B 电池管理系统端子列表见表 3-1-2。

（3）吉利几何电动汽车动力电池管理系统内部结构认知

吉利几何电动汽车动力电池管理系统内部分解图如图 3-1-12 所示。

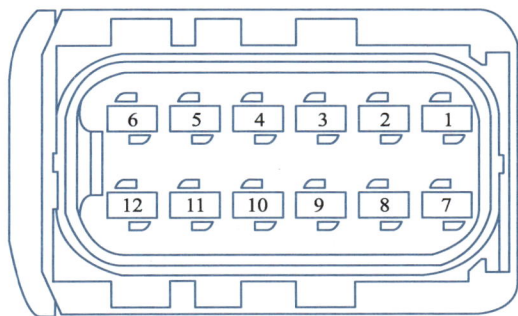

图 3-1-11　电池管理系统模块线束插接器 A/B 端子接口

表 3-1-1　CA69 BMS A 电池管理系统端子列表

端子号	端 子 名 称	接线颜色	端子号	端子名称	接线颜色
1	B+	R/W	7	IG1	R/L
2	GND	B	8	–	–
3	HB CAN_H	Y/BR	9	CHARGE PORTA TEMP+	B/G
4	HB CAN_L	Y/L	10	CHARGE PORTA TEMP+	B/W
5	GND	B	11	BMS CAN_H	Y/W
6	CRASH IN	Y	12	BMS CAN_L	Y/B

表 3-1-2　CA70 BMS B 电池管理系统端子列表

端子号	端 子 名 称	接线颜色	端子号	端子名称	接线颜色
1	CHARGE CAN_H	R/G	7	–	–
2	CHARGE CAN_L	R/W	8	–	–
3	Q CHARGE CC2	B/G	9	–	–
4	Q WAKE UP	R/B	10	–	–
5	WAKE GND	R/Y	11	CHARGE PORTA TEMP+	W/G
6	–	–	12	CHARGE PORTA TEMP+	W/Y

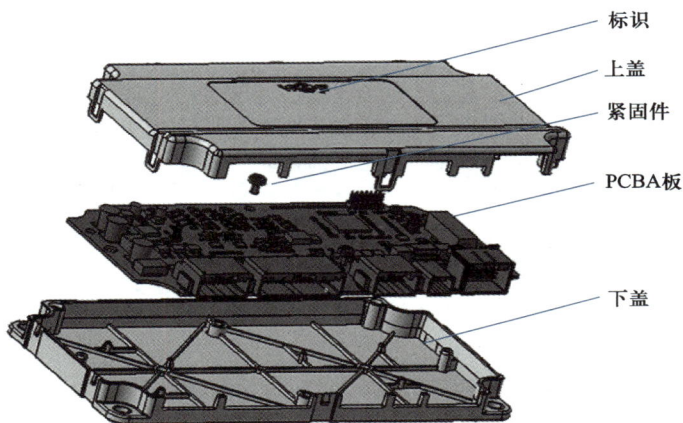

图 3-1-12　吉利几何电动汽车电池管理系统分解图

5. 实训工单

任务一： 电池管理系统认知	小组人员：	
班级：	学号：	指导教师签字：
日期：		

实训一　吉利几何电动汽车电池管理系统认知

车型：	年次：	动力蓄电池总电压：
VIN：		电池模组数：

任务要求：

① 能完成电池管理系统外观及安装位置认知。

② 能完成电池管理系统插接器和端子认知。

③ 能完成电池管理系统内部结构认知。

④ 设备、工位隔离，禁止无关人员进入

1. 工具、量具

2. 维修资料及辅助材料

3. 制订工作计划及人员分工

4. 工作现场安全准备、检查

作业：吉利几何电动汽车电池管理系统认知

认 知 内 容	名称/作用/含义/型号	结 果 评 价
实训车辆采用哪款动力电池		正常□　损坏□
电池管理系统主控模块的安装位置？		正常□　损坏□
实训车辆是否具备电池管理系统分控模块？如果有分控模块，其有何作用		正常□　损坏□
实训车辆电池管理系统还有哪些组成部件		正常□　损坏□
总结吉利几何电动汽车三种电池管理系统的区别		正常□　损坏□

续表

5. 是否进行零部件基本检查及清洁

6. 总结本次任务重点

7. 本次任务存在的问题及解决方法

实训二 吉利几何电动汽车电池管理系统主控模块的拆装

1. 实训要求

① 车辆先高压下电，然后拆卸低压蓄电池负极，才允许进行拆装操作。

② 动力蓄电池内拆卸电池管理系统时应注意严防触电，规范使用工量具。

③ 能完成电池管理系统及附件的拆卸和安装。

④ 设备、工位隔离，禁止无关人员进入。

2. 实训准备

安全防护装备：防护手套、绝缘安全鞋、警示围栏、警示牌、车辆防护套件、绝缘防护用具、车轮挡块等。

专用工具、设备：吉利几何电动汽车、数字万用表、绝缘工具套装、普通工具套装。

参考资料：吉利几何电动汽车维修手册、吉利几何电动汽车电路图。

3. 注意事项

① 安装与拆卸操作前必须保证绝缘良好，防止触电。

② 严格按照接线图及接线步骤接线，防止短路和反接。

③ 在进行各插接件的拔插操作前必须先断开电池管理系统的电源。

④ 在电池管理系统主控模块的更换过程中，注意螺钉与配件的拆卸，防止掉落动力蓄电池内部引起短路事故。

4. 实施步骤

（1）电池管理系统主控模块的拆卸

在之前的学习中得知，吉利几何电动汽车电池管理系统主控模块在动力蓄电池内部，所以进行拆卸前需要先拆卸动力蓄电池，具体注意事项及拆卸步骤参照动力蓄电池具体拆卸任务，不再赘述。

① 安全防护：防护手套、绝缘安全鞋、隔离护栏、绝缘工具。

视频

电池管理系统的
拆卸

② 打开前机舱盖。

③ 断开蓄电池负极电缆。

④ 断开直流母线（充电机侧），并用万用表进行测量，确认正常断电。

⑤ 排放动力蓄电池冷却液（参见冷却液更换程序）。

⑥ 拆卸动力蓄电池总成（参见动力蓄电池总成的更换）。

⑦ 拆卸前部密封压板。按照图 3-1-13 中标号顺序依次拆卸前部密封压板的七颗固定螺栓，取下前部密封压板，放到安全位置。

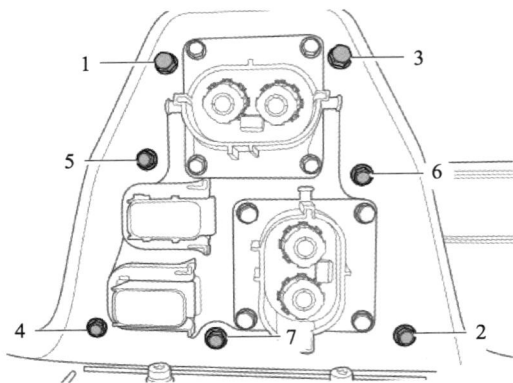

图 3-1-13　前部密封压板的固定螺栓

⑧ 拆卸动力蓄电池箱盖。合理使用绝缘工具预松和拆卸动力蓄电池箱上盖压条的 50 颗螺栓（注意：应从动力蓄电池前部开始两边同时依次向后拆卸螺栓），取下动力蓄电池箱盖上的上盖压条，取下动力蓄电池箱盖，放到安全位置。

⑨ 拆卸熔断器。首先拆卸熔断器罩盖，如图 3-1-14（a）所示，拆卸熔断器的两颗紧固螺母，如图 3-1-14（b）所示。取下熔断器，用绝缘胶布包扎软铜线束插头，防止相互触碰。

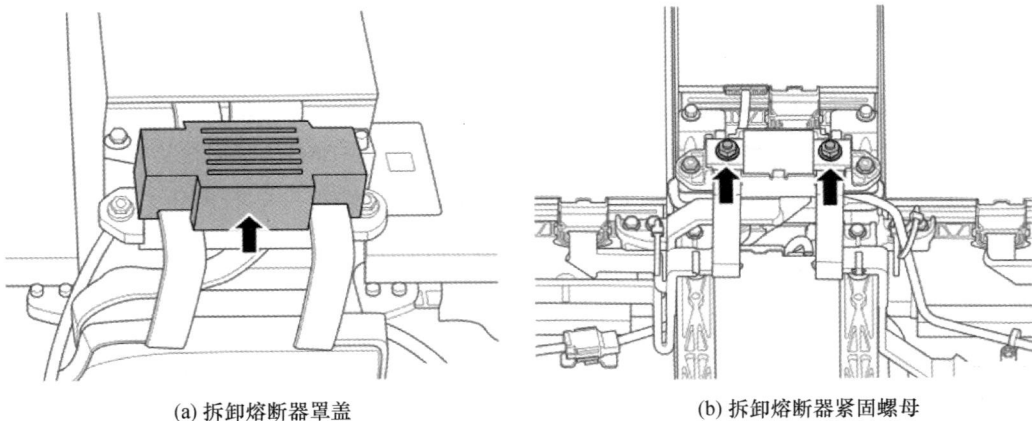

(a) 拆卸熔断器罩盖　　　　　　　　　　　　　(b) 拆卸熔断器紧固螺母

图 3-1-14　拆卸熔断器

⑩ 断开电池管理系统模块上的 12 个线束插接器。如图 3-1-15 所示，拆下后检查线束插头是否有退针和腐蚀等现象。将高压导线插头进行绝缘防护，避免损坏信息采集线束，并放到安全位置。

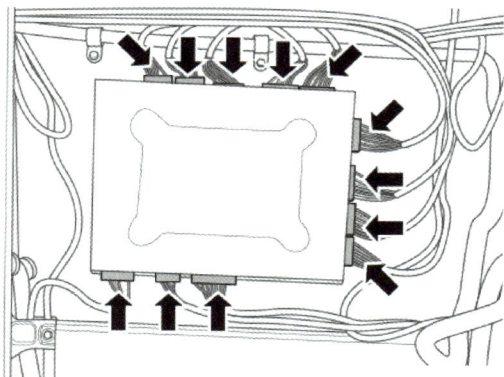

图 3-1-15　电池管理系统线束插接器

⑪ 预松和拆卸电池管理系统底部的四颗固定螺栓，如图 3-1-16 所示，取下电池管理系统模块，检查端子是否有退针和腐蚀等现象。

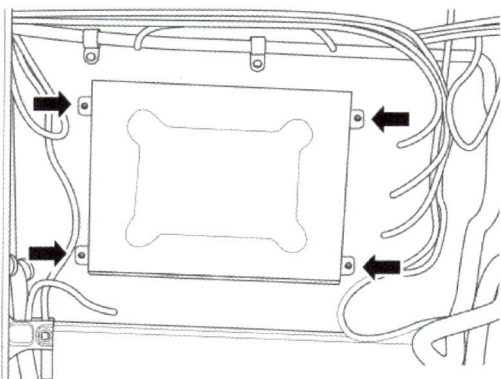

图 3-1-16　动力电池管理系统底部四颗固定螺栓

（2）电池管理系统主控模块的安装

按照拆解电池管理系统主控模块相反的顺序进行安装，涉及具体操作参考拆解要求，这里不再赘述。安装步骤如下：

① 检查电池管理系统模块插接器外观、端子无误后，放置到动力蓄电池内部对应位置。

② 预装和拧紧电池管理系统底部的四颗固定螺栓，力矩为 10 N·m。

③ 连接电池管理系统上的 12 个线束插接器。检查电池管理系统线束的完整性，连接高压和低压线束，检查信息采集线束是否有误。

④ 安装熔断器。检查熔断器是否损坏，安装熔断器到合适位置，预装和拧紧

视频
电池管理系统的
安装

两颗固定螺栓，拆除线束插头的绝缘胶布，连接好熔断器，盖上熔断器罩盖。

　　⑤ 安装动力蓄电池箱盖。检查动力蓄电池箱盖是否损坏，预装和拧紧动力蓄电池箱盖固定螺栓，将动力蓄电池箱盖安装到位。

　　⑥ 安装动力蓄电池总成。

　　⑦ 加注动力蓄电池冷却液。

　　⑧ 连接直流母线（充电机侧）。

　　⑨ 连接蓄电池负极电缆。

　　⑩ 关闭前机舱盖。

　　⑪ 清理现场。

5. 实训工单

任务一： 电池管理系统认知	小组人员：	
班级：	学号：	指导教师签字：
日期：		
实训二　吉利几何电动汽车电池管理系统主控模块的拆装		
车型：	年次：	动力蓄电池总电压：
VIN：		电池模组数：

任务要求：

① 车辆先高压下电，然后拆卸低压蓄电池负极，才允许进行拆装操作。

② 动力蓄电池内拆卸管理系统时应注意严防触电，规范使用工量具。

③ 能完成电池管理系统及附件的拆卸和安装。

④ 设备、工位隔离，禁止无关人员进入

1. 工具、量具

2. 维修资料及辅助材料

3. 制订工作计划及人员分工

4. 工作现场安全准备、检查

续表

作业：吉利几何电动汽车电池管理系统主控模块的拆装

拆 装 步 骤	技术要求/注意事项	结 果 评 价
		正常□　　损坏□
		正常□　　损坏□
		正常□　　损坏□
		正常□　　损坏□
		正常□　　损坏□
		正常□　　损坏□
		正常□　　损坏□
		正常□　　损坏□
		正常□　　损坏□
		正常□　　损坏□
		正常□　　损坏□

5. 是否进行零部件基本检查及清洁

6. 总结本次任务重点

7. 本次任务存在的问题及解决方法

知识拓展

电池管理系统生产工艺流程如图 3-1-17 所示。

制板，即由原材料生产成印刷电路板（PCB）的过程，该过程需要注意温湿度、清洁度、污染物等控制。贴片（插件），即将各种电子元件安装到 PCB 的过程，该过程的产品称为 PCBA，对于贴片类元件使用回流焊工艺，对于插件类元件使用波峰焊工艺，该过程需要特别注意静电防护、温湿度、清洁度等环境控制。组装，即将 PCBA、外壳、紧固件（如有）等组装成成品的过程，该过程中需要将

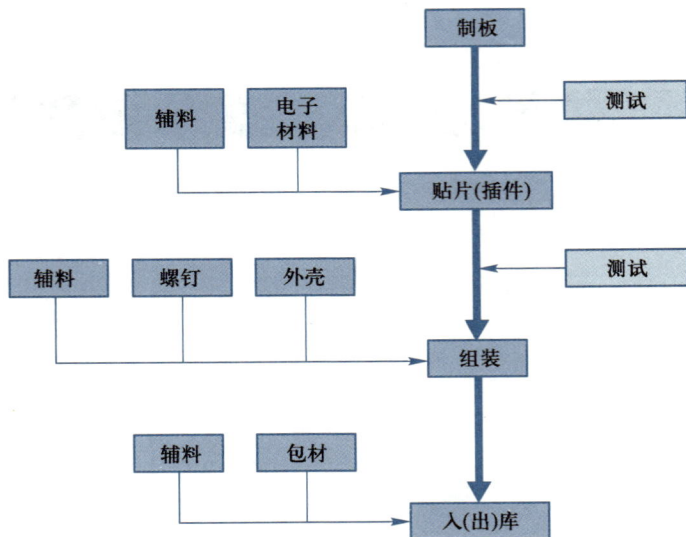

图 3-1-17　电池管理系统生产工艺流程

成品信息张贴到外壳表面，以准确标识该产品的参数信息，该过程需要特别注意静电防护、温湿度、清洁度等环境控制。入（出）库，即将生产完成的产品需要保存到特定的环境，一般称为电子仓库。其温湿度、静电防护、清洁度都进行了特殊的控制，电子仓库管理遵循"先进先去"的原则，做好产品的版本区分、批次等管理。测试，即测试贯穿到产品的整个生产环节，它是一种探测措施，为了检验产品是否符合涉及要求，及时发现不良品，监控整个过程，不同的过程测试方法不一样。产品设计和工序设计时就需要考虑相应的测试方案，同步开发相应的测试设备。

任务练习

一、选择题

1. 预装和拧紧几何电动汽车电池管理系统底部的四颗固定螺栓需要的力矩是（　　）。

A. 10 N · m　　　　　　B. 15 N · m　　　　　　C. 20 N · m　　　　　　D. 25 N · m

2. 吉利几何电动汽车的电池管理系统能够对（　　）进行实时监控。

A. 动力蓄电池总电压　　　　　　　　　　B. 动力蓄电池总电流

C. 每个测点温度　　　　　　　　　　　　D. 单体电池的电压

3. CA69 BMS A 电池管理系统端子"B+"表述正确的是（　　）。

A. 接线颜色 R/W　　　　　　　　　　　B. 接线颜色 B

C. 接线颜色 Y/BR　　　　　　　　　　　D. 接线颜色 Y/L

4. 动力蓄电池荷电状态 SOC 的作用是（　　）。

A. 提示动力蓄电池剩余电量　　　　B. 提示电池技术状态

C. 预计电池可用寿命　　　　　　　D. 提示单体电池电量

5. 信息采集系统缩写（　　　）。

A. BMU　　　　　　B. CSC　　　　　C. B-BOX　　　　　D. VCU

二、判断题

1. 吉利几何电动汽车的动力蓄电池有 17 个电池模组，每个电池模组配备一套信息采集系统，信息采集系统监测每个单体电池和电池模组的电压、温度信息。（　　　）

2. 合理使用绝缘工具预松和拆卸动力蓄电池箱上盖压条的 50 个螺栓，应从动力蓄电池前部开始两边同时依次向后拆卸螺栓。（　　　）

3. 进行充电时，如条件不满足，电池管理系统向充电桩反馈不满足充电条件和响应消息，充电桩切断与电池组的物理连接。（　　　）

4. 高压分配单元通过控制高压继电器控制高压电路的通断，同时高压分配单元还将动力蓄电池总电流监测信号转换成低压信号发送到总线上。（　　　）

5. 在电池管理系统主控模块的更换过程中，注意螺钉与配件的拆卸，防止掉落动力蓄电池内部引起短路事故。（　　　）

三、简答题

1. 简述电池管理系统的功能。

2. 简述吉利几何电动汽车的电池管理系统的工作原理。

3. 电池管理系统模块线束插接器有 CA69 BMS A 和 CA70 BMS B 两种，整理端子的含义。

任务二　电池管理系统的检测

任务目标

- **知识目标**

1. 掌握电池管理系统数据流读取方法；

2. 掌握电池管理系统故障码提取方法和分析方法。

- **能力目标**

1. 能独立完成电池管理系统供电电源及通信信号的测量；

2. 能独立完成电池管理系统数据流的读取与分析。

- **素养目标**

1. 培养互相交流、沟通以及阅读资料、自主学习的能力；

2. 培养认真负责的工作态度和一丝不苟的工作作风；

3. 培养爱岗敬业、团结协作、勇于创新的精神，增强安全意识。

任务导入

任务情境：一辆 2021 款吉利几何电动汽车，行驶里程 15 万 km，用户反映，车辆上电时，电池故障指示灯点亮。

任务分析：根据车辆故障现象，维修人员用故障诊断仪检查车辆电池管理系统，初步诊断为电池管理系统存在故障，需要用故障诊断仪继续读取电池管理系统的数据，利用仪表测量电池管理系统的相关参数。

知识准备

引导问题 1：电池管理系统的采集参数有哪些？

一、电池管理系统的采集参数

电池管理系统主要的功能之一就是数据采集，作为电池管理系统中其他功能的基础与前提，数据采集的精度和速度能够反映电池管理系统的优劣。数据采集的对象一般为电压、电流和温度。通过数据采集能够实施电池外部特性参数的检测，使用适当的算法实现电池内部状态（如容量和荷电状态等）的估算和检测，是电池管理系统有效运行的基础和关键。图 3-1-15 所示为吉利几何电动汽车的电池管理系统，图中 12 条线束包含信息采集线束和其他线束。

引导问题 2：电池管理系统常用的电压采集方法有哪些？

二、电压采集

1. 单体电池电压的采集

单体电池电压采集是电池管理系统中的重要参数采集，其性能好坏或精度高低决定了系统对电池状态信息判断的准确程度，将影响后续控制策略的有效实施。单体电池电压的测量，对于电池管理系统有以下意义：一是可以用来获得整个动力蓄电池的电压；二是可以根据单体电池电压压差来判断单体电池的差异性；三是可以用来检测单体电池的运行状态。单体电池电压采集方法如图 3-2-1 所示，每一个单体电池正负极电压采集线均连至分组电压检测模块，用以判断单体电池的电压。

2. 动力蓄电池电压采集

在进行 SOC 计算时，通常需要用动力蓄电池的总电压来核算，这是评价电池组性能的重要参数之一。若采用单体电池电压累加计量，本身单体电池电压采样会存在一定的时间差异性，这个差异无法与电池传感器的数据实现精确对齐，因此往往采集动力蓄电池电压作为主参数来进行运算。

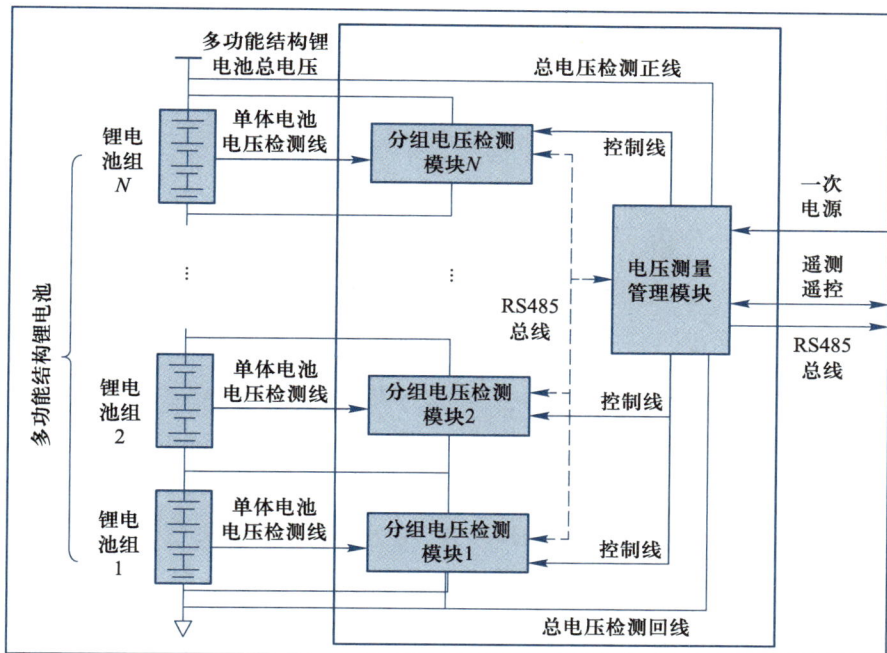

图 3-2-1　单体电池电压采集方法

引导问题 3：电池管理系统常见的温度采集方法有哪些?

三、温度采集

电池的工作温度不仅影响电池的性能，而且直接关系到电动汽车使用的安全问题，从设计到使用都应该进行严格精确的考查，因此，准确采集温度参数显得尤为重要。目前，使用的温度传感器种类较多，如热敏电阻、热电偶、热敏晶体管、集成温度传感器等。

1. 热敏电阻采集法

热敏电阻是一种传感器电阻，其电阻值随着温度的变化而改变。按照温度系数的不同，热敏电阻分为正温度系数热敏电阻（PTC）和负温度系数热敏电阻（NTC），动力蓄电池通常采用负温度系数热敏电阻检测电池温度。热敏电阻采集法的原理是利用热敏电阻阻值随温度的变化而变化的特性，用一个定值电阻和热敏电阻串联起来构成一个分压电路，把温度的高低转换为电压信号，再通过模-数转换得到温度的数字信息。热敏电阻成本低，但线性度不好，而且制造误差一般比较大。

2. 热电偶采集法

两种不同成分的金属导体两端接合成回路，当两个接合点的温度不同时，在回路中就会产生电动势，热电偶就是利用这种原理进行温度测量的，如图 3-2-2所示。当热电偶的两个热电偶丝材料成分确定后，热电偶热电势的大小，只与热电偶的温度差有关，通过采集这个电动势的数值就可以通过查表获得对应的温度值。热电偶能够检测更宽的温度范围，具有较高的性价比，其牢固性、可靠性和快速响应性较好，但热电偶在温度测量中也有一些缺陷，如线性特性较差，由于热电动势都是毫伏等级的信号，需要放大，并且外部电路相对比较复杂。一般来说金属的熔点都比较高，所以热电偶一般都用于高温的测量。

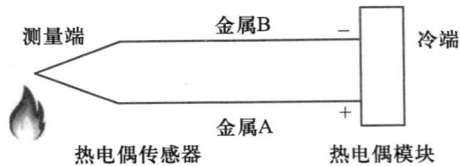

图 3-2-2　热电偶采集

3. 集成温度传感器采集法

集成温度传感器采用硅半导体集成工艺制成，又称为硅传感器，如图 3-2-3 所示。利用半导体的压阻效应和微机械加工技术，在单晶硅片的特定晶向上，用光刻、扩散等半导体工艺制作一惠斯通电桥，形成敏感膜片，因受外力的作用而产生微应变，电阻率发生变化，导致桥臂电阻也发生变化，激励电压信号输出，同时经过计算机进行温度补偿、激光调阻、信号放大等处理。集成温度传感器测温误差小，价格低、灵敏度高、传输距离远、体积小、使用方便，且线性好，外围电路简单。因此，可以有效地弥补传统的温度传感器响应时间慢、热惯性大、内线性差等缺点，适合远距离测温，应用广泛。

图 3-2-3　集成温度传感器

引导问题 4： 电池管理系统常见的工作电流采集方法有哪些?

四、动力蓄电池工作电流采集

在新能源汽车仪表盘上，可以显示充放电电流，利用故障诊断仪也可以读取动力蓄电池的工作电流数据。常用的电流检测方式有分流器检测、互感器检测、霍尔电流传感器检测和光纤传感器检测 4 种。

光纤传感器因价格昂贵影响了其在控制领域的应用；分流器成本低、频响应好，但使用麻烦，必需接入电流回路；互感器只能用于交流测量；霍尔电流传感器性能好，使用方便。目前，在电动汽车电池管理系统电流采集与监测方面应用较多的是霍尔电流传感器和分流器。

1. 霍尔电流传感器

霍尔电流传感器是按照霍尔效应原理制成的。如图 3-2-4 所示，对安培定律加以应用，即在载流导体周围产生一个正比于该电流的磁场，而霍尔元件则用来测量这一磁场。霍尔电流传感器是一种非接触测量，直接环绕在线上，霍尔元件可产生和磁力线成正比的感应电压，再通过运算放大器转换成信号输出。

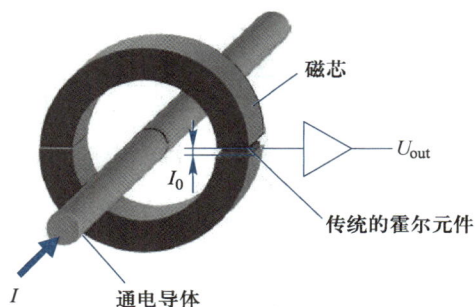

图 3-2-4　霍尔电流传感器

2. 分流器

分流器实际就是一个阻值很小的电阻，如图 3-2-5 所示，当有直流电流通过时，分流器产生压降。计算机检测分流器两端电压，根据分流器两端的电压差值来计算电流大小。

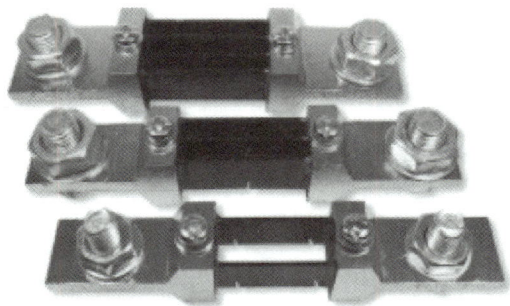

(a) 分流器的外形

(b) 分流器电压采样

图 3-2-5　分流器

引导问题 5：什么是电池管理系统的绝缘检测？

五、绝缘检测

吉利几何车型高压动力蓄电池的额定电压为 346 V，已经大大超过了人体可以承受的安全电压，因此，电气绝缘性能是安全用电管理的重要内容，绝缘性能的好坏不仅关系到电气设备和系统能否正常工作，更重要的是还关系到人的生命安全。

在高压控制电路中，两个高压电路相互制约。高压回路绝缘状况检测点设置在正极母线和负极母线接触器主触点处。动力蓄电池金属底壳与车身搭铁良好，动力电池高压母线绝缘检测电路图如图 3-2-6 所示，通过检测高压回路正、负极母线对车辆底盘的绝缘电阻来反映高压电气系统的绝缘性能。高压上电后，电池管理系统会以周期方式进行绝缘检测，当发现绝缘阻值低于要求阻值时，执行高压下电策略。

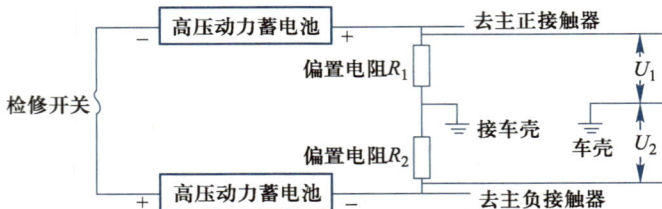

图 3-2-6　动力蓄电池高压母线绝缘检测电路图

绝缘电阻是反映电池用电安全的重要方面，根据人体所能承受的电压范围，当监测到绝缘电阻小于 $500\,\Omega/V$ 时，电池管理系统即对驾乘人员做出安全警告或做出切断高压继电器的动作。

🏠 任务实训

实训一　吉利几何电动汽车电池管理系统检测实训

本任务主要学习电池管理电路检测，内容包括电池管理系统电路检测和动力蓄电池温度传感器的检测。

1. 实训要求

① 做好安全防护，严防高压触电，规范使用工量具。

② 能完成动力蓄电池温度传感器的检测。

③ 能完成电池管理系统供电、接地及通信总线的测量。

④ 设备、工位隔离，禁止无关人员进入。

2. 实训准备

安全防护装备： 防护手套、绝缘安全鞋、警示围栏、警示牌、车辆防护套件、绝缘防护用具、车轮挡块等。

专用工具、设备： 吉利几何电动汽车、数字万用表、新能源专用仪器、绝缘工具套装、普通工具套装。

参考资料： 吉利几何电动汽车维修手册、吉利几何电动汽车电路图。

3. 注意事项

① 操作前必须做好绝缘防护，防止触电。

② 在电路带电的情况下，只能测量电压信号，禁止测量电阻。

③ 在进行各插接件的拔插操作前必须先断开电池管理系统的电源。

4. 实施步骤

（1）电池管理系统供电检测

吉利几何电动汽车电池管理系统 CA69 插接器电路图如图 3-2-7 所示，可根据电路图进行电池管理系统模块接地、供电和动力蓄电池总线波形测试。首先，使用万用表电压挡检测低压蓄电池电压，若电压低于 12 V，应先进行充电，然后再进行下一步检测。

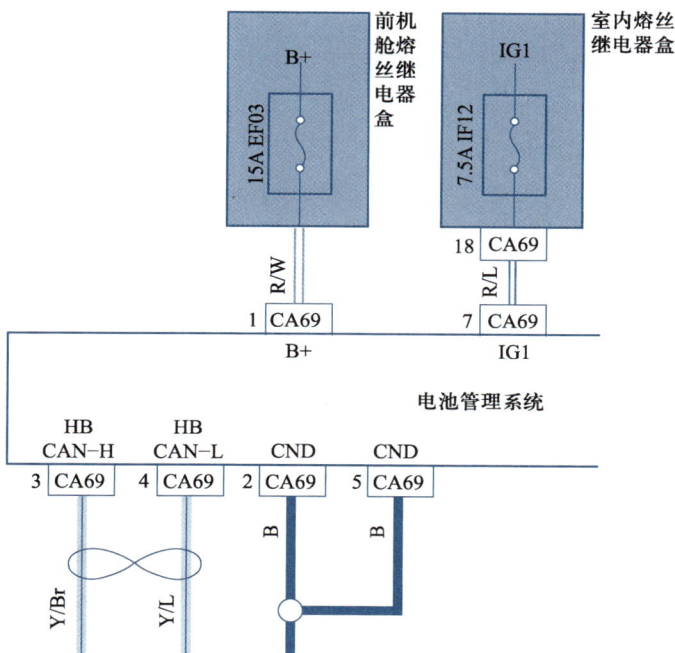

图 3-2-7 吉利几何电动汽车电池管理系统 CA69 插接器电路图

① 测量电池管理系统模块接地。用万用表"200 Ω"电阻挡测量电池管理器端子"CA69-2"与车身地、端子"CA69-5"与车身地间的电阻值，标准值小于 1 Ω，测量异常需要检查搭铁点，注意减去万用表内阻。

② 检查电池管理系统电源电压。常电电压测量，用万用表"20 V"电压挡测量电池管理器端子"CA69-1"与车身地间的电压值，标准值为 11~15 V，测量异常需检查配电盒 15 A 熔丝 EF03 及电路。

点火开关电压测量，将电源开关置于"ON"位，用万用表"20 V"电压挡测量电池管理器"CA69-7"与车身地间的电压值，标准值为 11~15 V，测量异常需检查配电盒 7.5 A 熔丝 IF12 及电路。

（2）电池管理器动力网波形检查

做好安全防护，按照规范要求，连接示波器测试线，将 1 号通道信号测试针连接电池管理器动力网端子"CA69-3"，即连接至总线通信系统 HB CAN_H 的连接点；2 号通道信号测试针连接电池管理器动力网端子"CA69-4"，即连接至总线通信系统 HB CAN_L 的连接点；示波器黑色测试线接地连接。将电源开关上电到 ON 挡，进行纵横坐标调节，测量电池管理系统动力网 CAN_H 和 CAN_L 波形。正常电压波形上下对称，平均值接近 2.5 V，波形如图 3-2-8 所示，CAN_H 的电压值在 2.5~3.5 V 范围内变化，CAN_L 的电压值在 2.5~1.5 V 范围内变化。若波形异常，需检测 HB CAN 总线电路。

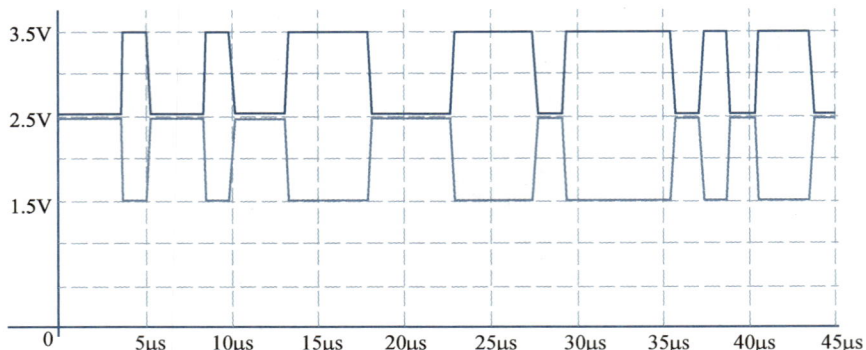

图 3-2-8   电池管理器动力网波形

（3）动力蓄电池温度传感器检测

视频
动力蓄电池温度
传感器检测

动力蓄电池使用的是负温度系数的热敏电阻器温度传感器，一般选用阻值为 25 Ω～10 kΩ。在使用万用表对热敏电阻器进行检测时，要进行常温与加温测试。

常温检测法（室内温度接近 25℃），将万用表红、黑表笔分别接在热敏电阻器两端的两个端子上测其阻值，正常时所测的电阻值应接近热敏电阻器的标称阻值（两者相差在±5%范围内为正常），若测得的阻值与标称值相差较远，则说明该电阻性能不良或已损坏。

加温检测法，在常温测试正常的基础上，可进行加温检测。将热源（如电烙铁、电吹风等）靠近热敏电阻器对其加热，同时观察万用表指针的指示阻值是否随温度的升高而减少，若是，则说明热敏电阻器正常；若阻值无变化，则说明热敏电阻器工作不良。

5. 实训工单

任务二： 电池管理系统的检测	小组人员：	
班级：	学号：	指导教师签字：
日期：		

实训一   吉利几何电动汽车电池管理系统检测实训

车型：	年次：	动力蓄电池总电压：
VIN：		电池模组数

任务要求：

① 做好安全防护，严防高压触电，规范使用工量具。

② 完成动力电池温度传感器的检测。

③ 能完成电池管理系统供电、接地及通信总线的测量。

④ 设备、工位隔离，禁止无关人员进入

续表

1. 工具、量具

2. 维修资料及辅助材料

3. 制订工作计划及人员分工

4. 工作现场安全准备、检查

作业：吉利几何电动汽车电池管理系统检测实训

检测内容和检测点	测量数据/测量波形	结 果 评 价	
		正常□	损坏□
		正常□	损坏□
		正常□	损坏□
		正常□	损坏□
		正常□	损坏□

5. 是否进行零部件基本检查及清洁

6. 总结本次任务重点

7. 本次任务存在的问题及解决方法

实训二　吉利几何电动汽车电池管理系统数据流读取与分析

1. 实训要求

① 规范使用诊断设备仪器。

② 能完成电池管理系统数据流读取并进行正确分析。

③ 设备、工位隔离，禁止无关人员进入。

2. 实训准备

安全防护装备：防护手套、绝缘安全鞋、警示围栏、警示牌、车辆防护套件、绝缘防护用具、车轮挡块等。

专用工具、设备：吉利几何电动汽车、数字万用表、故障诊断仪、绝缘工具套装、普通工具套装。

参考资料：吉利几何电动汽车维修手册、吉利几何电动汽车电路图。

3. 注意事项

① 操作前必须保证绝缘良好，防止触电。

② 故障诊断仪接口与车辆 OBD 接口连接前，确保车辆下电，故障诊断仪关机。

③ 在进行各插接件的拔插操作及仪器连接前必须先断开电源。

4. 实施步骤

使用万用表电压挡检测低压蓄电池电压，若电压低于 12 V，应先进行充电，然后再进行下一步操作。

将点火开关置于"OFF"位，连接故障诊断仪，将电源开关置于"ON"挡，选择车型，进入诊断主界面进行系统扫描，按正常操作进入电池管理系统模块，进行以下操作：

① 故障检测：单击"故障检测"，读取故障码并记录，返回电池管理模块，单击"故障码清除"，看是否可以清除，若无法清除，根据故障码查找维修手册进行故障诊断与分析。

② 数据流分析：进入电池管理模块，单击"数据流"，进行数据流查看，可读取"电池组当前总电流""电池组当前总电压"等动力蓄电池数据，如图 3-2-9 所示，分析数据当前值是否在正常范围内，记录数据，结束，退出。

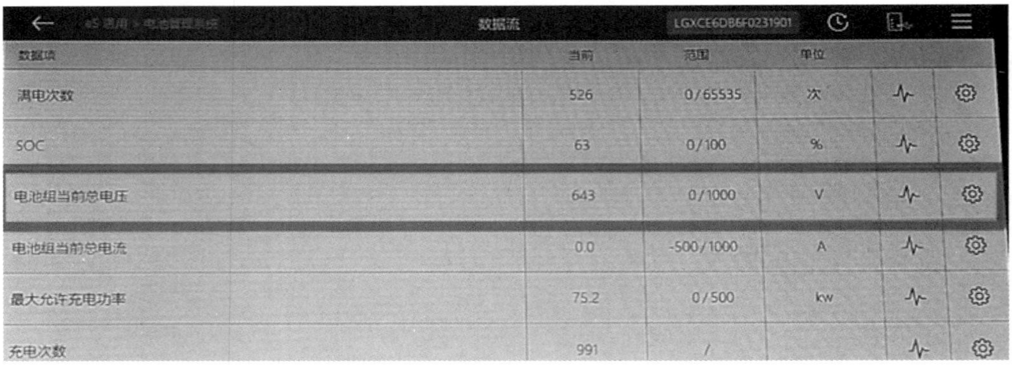

数据项	当前	范围	单位		
满电次数	526	0/65535	次	∿	⚙
SOC	63	0/100	%	∿	⚙
电池组当前总电压	643	0/1000	V	∿	⚙
电池组当前总电流	0.0	-500/1000	A	∿	⚙
最大允许充电功率	75.2	0/500	kw	∿	⚙
充电次数	991	/		∿	⚙

图 3-2-9　动力蓄电池总电压与电流数据信息

③ 选择采样信息，选择电池采集器，读取数据流，读取单体电池采样信息，如图 3-2-10 所示，记录数据，结束，退出。

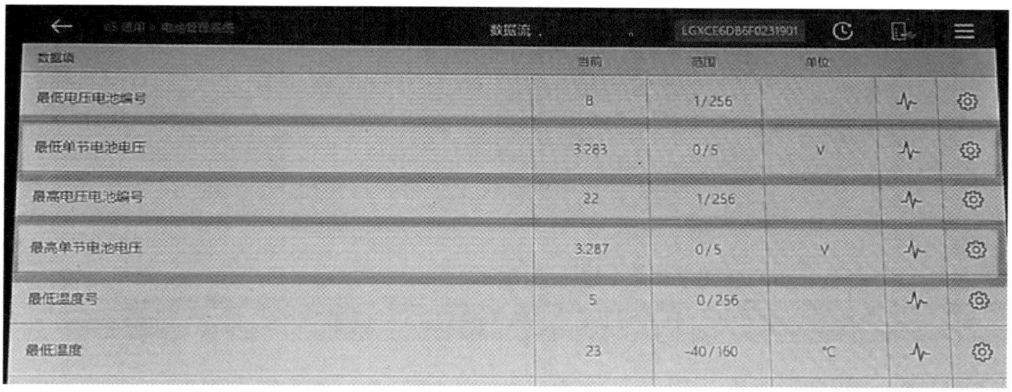

图 3-2-10　单体电池数据信息

④ 动作测试：进入电池管理模块，单击"动作测试"，选择所需模式进入动作测试界面，选择所需模式或命令进行执行，检查元件工作情况进行诊断与分析。如进行电池加热主动测试，记录数据，结束，退出。

⑤ 选择模组，选择读取电池模组数据，记录数据，结束，退出。

5. 实训工单

任务二： 电池管理系统的检测	小组人员：	
班级：	学号：	指导教师签字：
日期：		
实训二　吉利几何电动汽车电池管理系统数据流读取与分析		
车型：	年次：	动力蓄电池总电压：
VIN：		电池模组数：
任务要求： ① 能规范使用诊断设备仪器。 ② 能完成电池管理系统数据流读取并进行分析。 ③ 设备、工位隔离，禁止无关人员进入		

1. 工具、量具

2. 维修资料及辅助材料

续表

3. 制订工作计划及人员分工

4. 工作现场安全准备、检查

作业：吉利几何电动汽车电池管理系统数据流读取与分析

读取数据名称	数据值及参考范围	结 果 评 价
		正常□ 损坏□
		正常□ 损坏□
		正常□ 损坏□
		正常□ 损坏□
		正常□ 损坏□

5. 是否进行零部件基本检查及清洁

6. 总结本次任务重点

7. 本次任务存在的问题及解决方法

知识拓展

动力蓄电池烟雾监测

在车辆行驶过程中由于路况复杂及电池本身的工艺问题，可能由于过热、挤压和碰撞等原因导致电池出现冒烟或着火等极端恶劣的事故，若不能及时发现并进行有效处理，势必造成事故的进一步扩大，对周围电池、车辆以及车上人员构成威胁，严重影响车辆运行的安全性。为防患风险，近年来烟雾监测被引入电池管理系统的监测中，并越来越受到重视。

烟雾传感器种类繁多，从检测原理上可以分为三类：①利用物理、化学性质的烟雾传感器，如半导体烟雾传感器、接触燃烧烟雾传感器等；②利用物理性质的烟雾传感器，如热导烟雾传感器、光干涉烟雾传感器、红外传感器等；③利用电化学性质的烟雾传感器，如电流型烟雾传感器、电势型气体传感器等。由于烟雾的种类繁多，一种类型的烟雾传感器不可能检测所有的气体，通常只能检测某一种或两种特定性质的烟雾。例如，氧化物半导体烟雾传感器主要用于检测各种还原性烟雾，如 CO、H_2、C_2H_5OH、CH_3OH 等；固体电解质烟雾传感器主要用于检测无机烟雾，如 O_2、CO_2、H_2、Cl_2、SO_2 等。

在动力蓄电池的应用上，需要在了解电池燃烧时产生的烟雾构成的基础上来选择烟雾传感器。一般电池燃烧时产生大量的 CO 和 CO_2，因此可以选择对这两种气体敏感的传感器。传感器的结构需要适应于车辆长期应用的振动工况，防止由于路面灰尘、振动引起的传感器误动作。

电池管理系统中烟雾监测的报警装置应安装于驾驶人控制台上，在接收到报警信号时，迅速发出声光报警和故障定位，保证驾驶人能够及时发现和接收报警器发出的报警信号。

任务练习

一、选择题

1. 动力蓄电池温度检测使用的温度传感器种类较多，包括（　　　）。
A. 热电偶　　　　　　　　　　B. 热敏电阻
C. 热敏晶体管　　　　　　　　D. 集成温度传感器

2. 用故障诊断仪进入吉利几何电动汽车的电池管理模块，能够读取（　　　）的数据流。
A. 动力蓄电池当前总电压　　　B. 动力蓄电池当前总电流
C. 单体电池的电压　　　　　　D. 电池包温度

3. 单体电池电压的测量，对于电池管理系统（　　　）。
A. 可以用来累计获得整个动力蓄电池的电压
B. 可以根据单体电池电压压差来判断单体电池差异性
C. 可以用来检测单体电池的运行状态
D. 可以预算电池的使用寿命

4. 电压挡测量电池管理器端子"CA69-1"与车身地间的电压值，标准值为（　　　）。
A. 11～15 V　　　B. 12～16 V　　　C. 10～20 V　　　D. 180～200 V

5. 目前，在电动汽车电池管理系统电流采集与监测方面应用较多的是（　　　）和（　　　）。
A. 霍尔电流传感器　　　　　　B. 分流器
C. 互感器　　　　　　　　　　D. 光纤传感器

二、判断题

1. 动作测试模块，可以检查元件工作情况，有助于进行诊断与分析。（　　）
2. 连接故障诊断仪之前，将点火开关置于"OFF"位，并切断动力蓄电池高压和进行蓄电池负极断电。（　　）
3. 使用万用表电压挡检测低压蓄电池电压，若电压低于 12 V，应先进行充电，然后再进行下一步操作。（　　）
4. 动力蓄电池温度传感器一般是正温度系数的热敏电阻器温度传感器。（　　）

三、简答题

1. 简述电池管理系统的采集参数有哪些。
2. 吉利几何电动汽车电池管理系统为什么要进行绝缘检测？
3. 简述动力蓄电池温度传感器加温检测法。

任务三　电池管理系统故障诊断

任务目标

● **知识目标**
1. 了解电池管理系统常见故障的类型、原因及排除方法；
2. 掌握电池管理系统故障诊断的基本流程；
3. 学会电池管理系统数据流与故障码的读取与分析方法。

● **能力目标**
1. 能独立完成电池管理系统故障码与数据流的读取；
2. 能小组合作完成电池管理系统的故障诊断与排除。

● **素养目标**
1. 培养互相交流、沟通以及阅读资料、自主学习的能力；
2. 培养认真负责的工作态度和一丝不苟的工作作风；
3. 培养爱岗敬业、团结协作、勇于创新的精神，增强安全意识。

任务导入

任务情境： 一辆 2021 款吉利几何电动汽车，客户起动车辆时，发现仪表内"READY"灯无法点亮，且整车系统故障指示灯常亮，车辆无法挂挡行驶。

任务分析： 维修技师用故障诊断仪调取了 U347287、U111487 等故障码，含义是动力 CAN 总线数据丢失、电池管理系统与整车控制器丢失通信，请按规范完成故障诊断与排除。

知识准备

引导问题1：电池管理系统常见的故障有哪些？

一、电池管理系统常见故障类型

1. 系统通信类故障

系统通信类故障主要有两大类，一类是电池管理系统主控模块与整车控制系统的通信；另一类是电池管理系统主控模块与动力蓄电池内部电池管理系统分控模块的通信。造成故障的主要原因有电池管理系统主控模块供电异常、接地异常、通信总线异常等。通信异常可以造成整个电池管理系统无法工作、高压系统无法上电、车辆仪表无电池管理系统信息显示等故障。

2. 信息采集类故障

常见的信息采集类故障包括电压采集异常、电流采集异常、温度采集异常等。信息采集异常可以造成动力蓄电池系统报警、仪表信息显示异常，严重情况可以导致动力输出下降和高压系统无法上电。

3. 充放电类故障

充放电类故障包括预充电、慢充电、快充电故障。预充电故障通常不影响车辆低压上电，但会造成车辆无法高压上电；慢充电和快充电故障一般不影响车辆起动，但是动力蓄电池无法补充电能。

4. 安全管理类故障

安全管理类故障包括漏电（绝缘）、高压互锁、温度过高等故障。这类故障一般会造成动力蓄电池输出功率下降，严重情况会导致车辆无法高压上电，车辆不能起动。

引导问题2：电池管理系统常见故障原因和排除方法有哪些？

二、电池管理系统常见故障的原因及排除方法

电池管理系统的故障类型较多，涉及单体电池、电池模组、电池安全监控电路、充放电电路、通信电路等，下面以吉利几何车型常见故障为例从故障描述、故障码、故障可能原因、故障排除方法进行介绍，见表3-3-1。

表3-3-1　吉利几何车型电池管理系统常见故障的原因及排除方法

序号	故障描述及故障码	可 能 原 因	排 除 方 法
1	电池管理系统模块供电压低，U300616 电池管理系统模块供电压高，U300617 高压上电时蓄电池电压无效，U300629	① 供电熔断丝烧断 ② 供电电源电路故障 ③ 供电接地线故障 ④ 蓄电池或DC-DC转换器故障	① 测量熔断丝，烧断则更换 ② 修复电路，必要时更换线束 ③ 进行蓄电池充电，必要时更换蓄电池 ④ 测量DC-DC转换器输出电压，若损坏则更换

续表

序号	故障描述及故障码	可 能 原 因	排 除 方 法
2	动力 CAN 总线数据丢失，U347287 与整车控制器丢失通信，U111487 与电机控制器丢失通信，U011087	① CAN 总线断路、短路 ② CAN_H 与 CAN_L 接反 ③ 终端电阻损坏 ④ 电池管理系统模块故障	① 测量总线的导通性，有短路或断路进行修复 ② 测量 CAN_H 和 CAN_L 波形，发现接反进行对调 ③ 模块端子若虚接，进行修复 ④ 更换 BMU 主控模块
3	动力蓄电池总电压过电压，P152617 动力蓄电池总电压欠电压，P152616	① 动力蓄电池过度充电 ② 动力蓄电池过度放电 ③ CSC 电压采样异常	① 使用故障诊断仪读取故障码，优先排除其他故障码指示的故障 ② 对控制器进行复位，再次检查确认故障是否排除，若未排除进行下一步操作 ③ 更换动力蓄电池总成 ④ 写控制器数据 ⑤ 确认系统是否恢复正常
4	总电流采样失效，P152409	① 电流传感器故障 ② 电流传感器电路故障 ③ BMU 自身故障	
5	电池低温，P152B21 电池过温，P152B98 电池温差过大，P152D00	① 温度传感器故障 ② 单体电池内部故障 ③ 冷却系统故障 ④ 入口与出口温度传感器故障	
6	主正继电器无法闭合故障，P153907 主正或主负继电器下电粘连故障，P153900	① 继电器线圈故障 ② 继电器触点故障 ③ 继电器电源或控制信号线故障 ④ BMU 自身故障	
7	BMU 检测到高压互锁开路，P158D01 高压回路断路，P159013	① 电池包内高压互锁电路故障 ② 高压电路断路 ③ BMU 自身故障	
8	在高压继电器闭合的前提下，绝缘故障（严重），P154100 在高压继电器断开的前提下，绝缘故障（严重），P154300	① 动力蓄电池高压线束绝缘不良 ② 动力蓄电池绝缘不良 ③ 直流充电插座绝缘不良 ④ 车载充电机绝缘不良	① 测量动力蓄电池与直流充电插座间高压线束的绝缘，若不符合要求，则更换高压线束 ② 测量动力蓄电池与车载充电机间高压线束的绝缘，若不符合要求，则更换高压线束 ③ 测量动力蓄电池的绝缘性，若不符合要求，则进行更换 ④ 测量直流充电插座与车载充电机的绝缘性，若不符合要求，则进行更换

续表

序号	故障描述及故障码	可能原因	排除方法
9	碰撞信号发生（仅有ACAN信号），P153E08	① 电池管理单元仅能接收整车控制器通过 CAN 传来的碰撞信号 ② 电池管理单元从安全气囊接收到 3 次碰撞信号	① 测量 ACU 碰撞信号电路，若发现问题，则进行修复 ② 检查 ACU，若损坏，则进行更换 ③ 检查电池管理单元，若损坏，则进行更换 ④ 检查整车控制器，若损坏，则进行更换
	碰撞信号发生（硬线PWM），P153F12		

引导问题 3：电池管理系统故障诊断的具体流程应该如何设计？

三、电池管理系统故障诊断的基本流程

电池管理系统故障诊断的基本流程如图 3-3-1 所示。

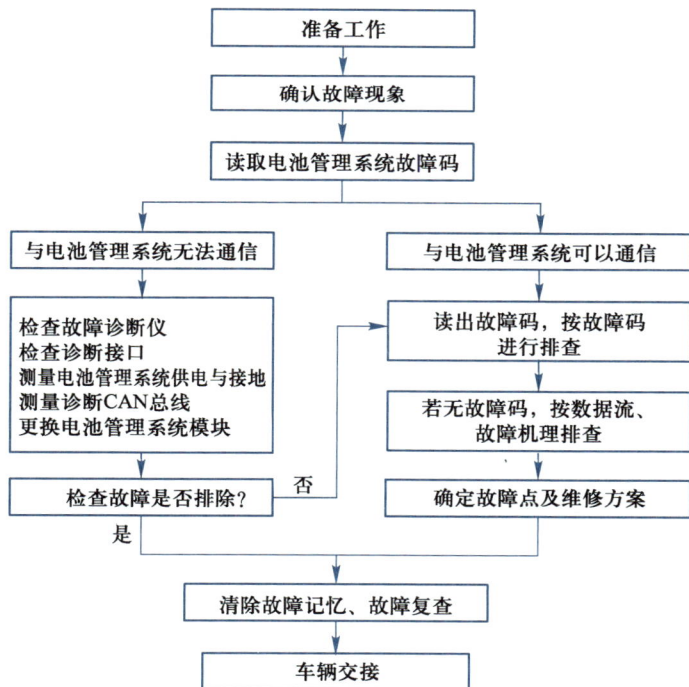

图 3-3-1　电池管理系统故障诊断的基本流程

1. 准备工作

做好安全防护，准备好设备工具与参考资料。

2. 确认故障现象

确认故障现象的方法：起动车辆，观察组合仪表是否正常工作；检查整车故障指示灯与动力蓄电池故障指示灯是否点亮；检查"READY"指示灯是否正常点

亮；检查车辆底部动力蓄电池内是否听到"咔嗒"声，通过这些现象可以初步判断动力蓄电池及电池管理系统是否存在故障。

3. 用故障诊断仪读取故障码

① 将故障诊断仪连接到诊断接口上。

② 操作起动开关，使车辆低压上电（电源处于 ON 模式）。

③ 将故障诊断仪开机，按照故障诊断仪屏幕提示，选择对电池管理系统进行诊断。若故障诊断仪与电池管理系统无法通信，则进行下一步诊断；若故障诊断仪能与电池管理系统进行通信，则按步骤⑥进行检查。

④ 若故障诊断仪与电池管理系统无法通信，首先确认故障诊断仪和车辆诊断接口是否正常。

⑤ 如果故障诊断仪和车辆诊断接口正常，则分析电池管理系统诊断电气原理图，如图 3-1-7 所示。根据电池管理系统诊断电气原理，重点检查电池管理系统与诊断接口 CAN 通信电路、电池管理系统模块的供电与接地。如没发现异常可以更换电池管理系统模块，再次确认是否可以建立通信。

⑥ 故障诊断仪与电池管理系统模块能建立通信，则读取电池管理系统模块内存的故障码。

⑦ 分析故障码含义，查阅故障码关联的电路图。

⑧ 利用万用表、示波器等对故障码所关联的故障电路、传感器和执行器等部件进行测量。

⑨ 分析测量结果，参阅标准技术数据，确定故障点。

⑩ 选择合理的维修方案修复故障点。

4. 确认故障是否排除

故障点修复后，检查故障是否排除，并清除故障记忆存储器的故障码。

5. 车辆交接

遵守 7S 现场管理，恢复场地，整理设备、工具及车辆，进行车辆交接。

🏠 任务实训

实训　吉利几何电动汽车电池管理系统的故障诊断

1. 实训要求

① 实操前小组成员做好分工，故障诊断过程中加强沟通合作。

② 学会正确观察电池管理系统的故障现象，能根据故障现象分析故障的可能原因。

③ 正确操作故障诊断仪，对读取的故障码进行合理分析，明确诊断的方向。

④ 学会查阅维修手册和电路图，在实车上找到正确的电气测量点，并对电气测量数据进行准确的分析。

2. 实训准备

安全防护装备：防护手套、绝缘安全鞋、警示围栏、警示牌等。

专用工具、设备： 吉利几何电动汽车、故障诊断仪、数字万用表、绝缘工具套装、普通工具套装。

参考资料： 吉利几何电动汽车维修手册、吉利几何电动汽车电路图。

3. 注意事项

① 故障诊断仪接口与车辆 OBD 接口连接前，确保车辆下电，故障诊断仪关机。

② 在电路带电的情况下，只能测量电压信号，禁止测量电阻。

③ 断开和连接电池管理系统的电路插接器前，关闭车辆电源。

4. 实施步骤

（1）观察故障现象

起动车辆，观察组合仪表正常工作，整车故障指示灯点亮，"READY"指示灯不能点亮，车辆底部动力蓄电池内无法听到高压继电器工作"咔嗒"声。

（2）故障分析

根据故障现象推断车辆 IG 供电正常，动力蓄电池内高压继电器没有闭合，高压无法完成上电控制，初步分析高压动力系统存在故障，可用故障诊断仪对电池管理系统和整车控制器等进行详细诊断。

（3）故障诊断仪读取故障码

① 将故障诊断仪连接到诊断接口上。

② 操作起动开关，使车辆低压上电（电源处于 ON 模式）。

③ 将故障诊断仪开机，按照故障诊断仪屏幕提示，选择电池管理系统进行诊断。

④ 读取的故障码为 U111487——与整车控制器丢失通信、U111587——与车载充电机丢失通信、U347287——动力 CAN 总线数据丢失。

⑤ 查阅维修手册，分析电池管理系统电路控制原理，电池管理系统模块电源及总线电路图如图 3-3-2 所示。可以看出故障诊断仪通过 OBD 接口经诊断 CAN 总线与电池管理系统连接，电池管理系统通过 HB CAN 动力总线与整车控制器、OBC、网关等进行通信。

⑥ 为缩小故障范围，使用故障诊断仪对整车控制器进行诊断。读取的故障码为 U011287——与电池管理系统通信丢失，未见有与其他模块通信丢失的故障码。

结论分析：整车控制器与电池管理系统无法通信，与其他模块通信正常，说明故障原因在电池管理系统模块总线、电源或者自身故障。

（4）测量电池管理系统电路

按照由简至繁的原则，首先检查电池管理系统模块的供电、接地；其次检查电池管理系统 CAN 总线；如果没发现问题再检查更换电池管理系统模块。

① 电路分析，吉利几何车型电池管理系统电源及总线电路图如图 3-3-2 所示。根据电路图可以看出，电池管理系统模块供电是线束插接器 CA69 的 1 号和 7 号端子，接地是 CA69 的 2 号和 5 号端子，CAN 总线是 CA69 的 3 号和 4 号端子。表 3-3-2 所示为电池管理系统模块线束插接器 CA69 各端子的名称及含义。

视频·····

吉利几何电动
汽车电池管理
系统故障诊断

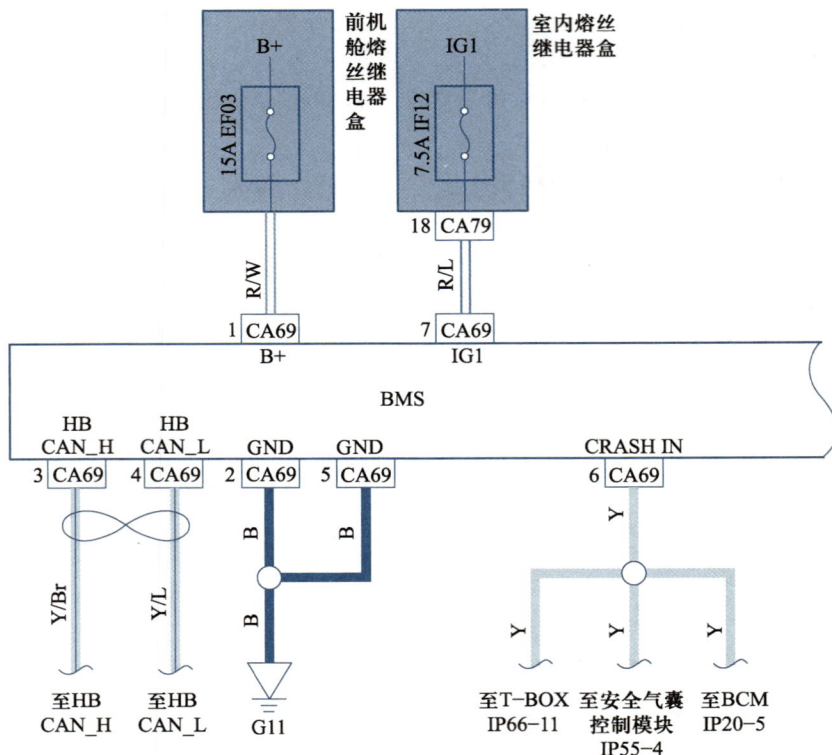

图 3-3-2   吉利几何车型电池管理系统模块电源及总线电路图

表 3-3-2   吉利几何车型电池管理系统模块线束插接器 CA69 各端子的名称及含义

端 子 号	端 子 名 称	接 线 颜 色	端 子 说 明
1	B+	R/W	12 V 常电源
2	GND	B	电源接地
3	HB CAN_H	Y/Br	—
4	HB CAN_L	Y/L	—
5	GND	B	壳体接地
6	CRASH IN	Y	碰撞硬线输出信号
7	IG1	R/L	IG 电源
8	—	—	—
9	CHARGE PORT A TEMP+	B/G	快充插座正极柱温度+
10	CHARGE PORT A TEMP+	B/W	快充插座正极柱温度−
11	BMS CAN_H	Y/W	—
12	BMS CAN_L	Y/B	—

② 测量电池管理系统供电熔断丝。

a. 检查蓄电池电压，电压标准值为 11~14 V，测量结果正常。

b. 测量供电熔断丝。车辆电源模式置于 OFF 状态，测量前机舱熔断丝盒内熔断丝 EF03（15 A）和室内熔断丝盒内熔断丝 IF12 是否熔断，测量结果正常。

③ 测量电池管理系统模块线束插接器端子电压。

a. 将车辆电源模式置于 OFF 状态。

b. 断开电池管理系统模块线束插接器 CA69，如图 3-3-3 所示。

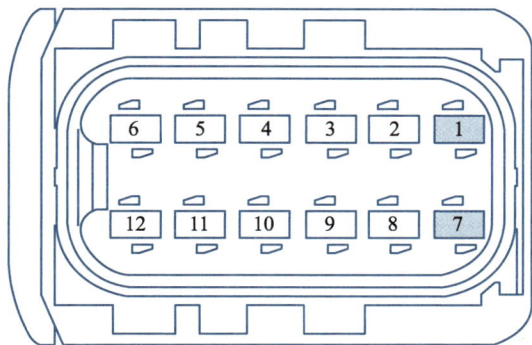

图 3-3-3　电池管理系统插接器供电电压端子

c. 将车辆电源模式置于 ON 状态。

d. 使用万用表测量电池管理系统模块线束插接器 CA69 端子 1、7 对车身接地的电压。电压标准值为 11~14 V，测量结果正常。

④ 测量电池管理系统接地电路。

a. 将车辆电源模式置于 OFF 状态。

b. 断开电池管理系统线束插接器 CA69，如图 3-3-4 所示。

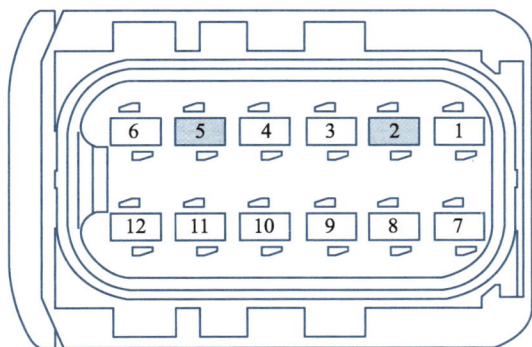

图 3-3-4　电池管理系统插接器接地端子

c. 使用万用表测量电池管理系统模块线束插接器 CA69 端子 2、5 对车身接地的电阻。

d. 确认阻值是否符合标准，标准电阻小于 1 Ω，测量结果正常。

⑤ 测量电池管理系统与整车控制器之间的数据通信线。

a. 将车辆电源模式置于 OFF 状态。

b. 将蓄电池负极电缆从蓄电池上断开。

c. 断开电池管理系统线束插接器 CA69，如图 3-3-5 所示。

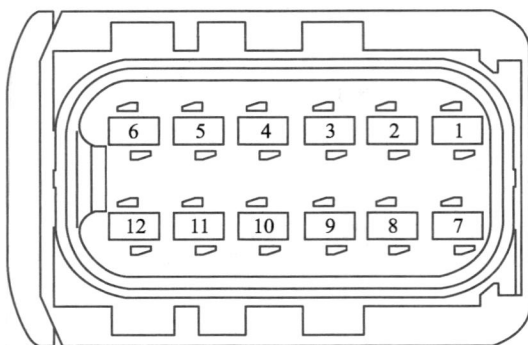

图 3-3-5　电池管理系统插接器总线端子

d. 从整车控制器上断开线束插接器 CA66，如图 3-3-6 所示。

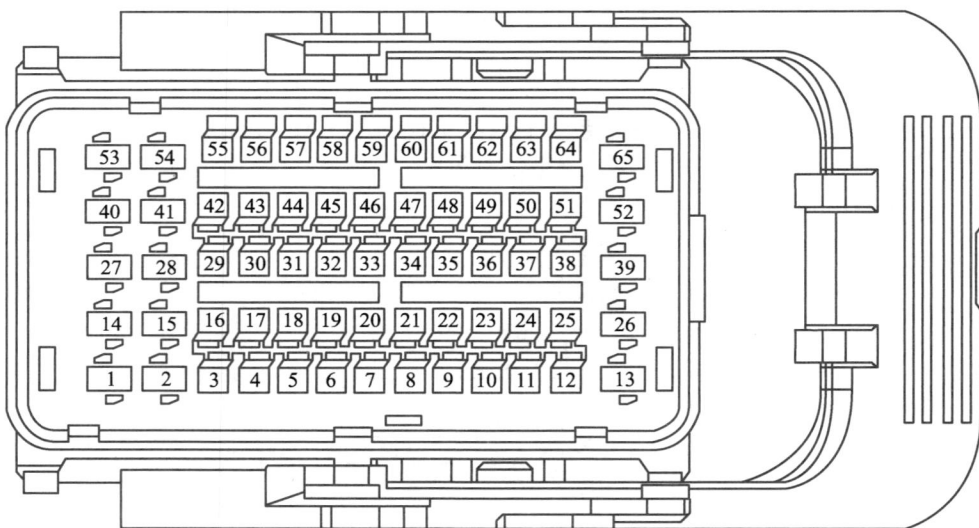

图 3-3-6　整车控制器插接器总线端子

e. 测量电池管理系统模块线束插接器 CA69 端子 3 与整车控制器线束插接器 CA66 端子 8 之间的电阻值，即测量 HB CAN_H 导线电阻值，电阻值小于 1 Ω。

f. 测量电池管理系统模块线束插接器 CA69 端子 4 与整车控制器线束插接器 CA66 端子 7 之间的电阻值，即测量 HB CAN_L 导线电阻值，测量电阻值小于 1 Ω，但是发现 CA69 端子 4 存在退针情况。

测量结果分析：电池管理系统的 HB CAN_H 电路正常，电池管理系统的 HB CAN_L 由于插接器端子存在退针情况，导致电池管理系统与整车控制器等其他模块无法通信。

（5）故障修复

① 由于电池管理系统插接器 CA69 的 4 号端子已经无法锁定，所以更换 CA69 插接器，12 个端子都能锁定。

② 起动车辆，组合仪表正常工作，"READY"指示灯点亮，同时车辆底部动力电池包内听到高压继电器工作"咔嗒"声，说明车辆高压上电恢复正常。

③ 连接故障诊断仪，清除电池管理系统存储器的故障码。

④ 恢复现场，车辆交接。

5. 实训工单

任务三： 电池管理系统故障诊断	小组人员：	
班级：	学号：	指导教师签字：
日期：		

实训　吉利几何电动汽车动力电池管理系统的故障诊断		
车型：	年次：	动力蓄电池总电压：
底盘型号：	VIN：	动力蓄电池总容量：

任务要求：
① 实操前小组成员做好分工，故障诊断过程中加强沟通合作
② 学会正确观察电池管理系统故障现象，能根据故障现象分析故障的可能原因
③ 正确操作故障诊断仪，对读取的故障码进行合理分析，明确诊断的方向
④ 学会查阅维修手册和电路图，在实车上找到正确的电气测量点，并对电气测量数据进行准确的分析

1. 诊断设备、测量仪表

2. 维修资料及辅助材料

3. 制订工作计划及人员分工

4. 工作现场安全准备、检查

续表

作业：吉利几何电动汽车动力电池管理系统的故障诊断

诊 断 步 骤	故障现象/测量参数/故障码	结 果 评 价
		正常□　异常□
		正常□　异常□
		正常□　异常□
		正常□　异常□
		正常□　异常□

5. 是否进行电气部件的检查及更换

6. 总结本次任务重点

7. 本次任务存在的问题及解决方法

📡 **知识拓展**

吉利几何电动汽车动力电池绝缘故障诊断

1. 故障码说明（表 3-3-3）

表 3-3-3　动力蓄电池绝缘故障码表

故　障　码	说　　　明	故障可能部位
P154100	高压继电器闭合的前提下，绝缘故障（严重）	① 高压电路
P154300	高压继电器断开的前提下，绝缘故障（严重）	② 直流充电插座 ③ 车载充电机 ④ 动力电池

2. 故障诊断步骤

步骤 1：使用故障诊断仪读取故障码。

a. 操作起动开关使电源模式置于 ON 状态。

b. 连接故障诊断仪，读取系统故障码。

c. 确认系统是否存在其故障码，如果有其他故障，优先排除其他故障码指示的故障。

步骤 2：高压回路断电。

a. 操作起动开关使电源模式置于 OFF 状态。

b. 断开蓄电池负极电缆。

c. 断开动力电池高压线束插接器 BV16、BV23，如图 3-3-7 所示。

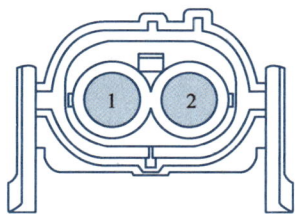

图 3-3-7　BV16、BV23 动力蓄电池线束插接器

d. 等待 5 min。

e. 使用万用表测量 BV16-1 端子与 BV16-2 端子、BV23-1 端子与 BV23-2 端子的电压值，要求电压小于 5 V。

步骤 3：检测动力蓄电池供电电路绝缘阻值。

a. 将高压绝缘检测仪的挡位调至 DC 500 V。

b. 使用高压绝缘检测仪测量 BV16-1 与车身接地、BV16-2 与车身接地的绝缘电阻值。标准电阻：大于或等于 20 MΩ。

c. 如绝缘电阻值不符合标准，修理、更换线束或更换车载充电机。

步骤 4：检测动力电池充电电路绝缘阻值。

a. 将高压绝缘检测仪的挡位调至 DC 500 V。

b. 使用高压绝缘检测仪测量 BV23-1 与车身接地、BV23-2 与车身接地的绝缘电阻值。标准电阻：大于或等于 20 MΩ。

c. 如绝缘电阻值不符合标准，修理、更换线束或更换直流充电插座。

步骤 5：更换动力蓄电池。

a. 如果步骤 1~步骤 4 未发现故障，则更换动力蓄电池，参见动力蓄电池的更换。

b. 确认故障排除。

任务练习

一、选择题

1. 当电池管理系统检测到高压电池系统有漏电故障时，可能导致（　　　）。

A. 车辆无法解锁　　　　　　　　　　B. 转向盘无法解锁

C. 低压不能上电　　　　　　　　　　D. 高压不能上电

2. 电池管理系统对电池的信息采集包括（　　　）。

A. 电压信息　　　　　　　　　　　　B. 电流信息

C. 温度信息　　　　　　　　　　　　D. 容量信息

3. 信息采集类故障，可能导致的后果（　　）。

A. 动力蓄电池系统报警　　　　B. 仪表信息显示异常

C. 动力输出下降　　　　　　　D. 高压系统无法上电

4. 安全管理类故障包括（　　）。

A. 漏电（绝缘）故障　　　　　B. 高压互锁故障

C. 温度过高故障　　　　　　　D. 电流采集异常

5. 电池管理系统模块供电电压低可能的故障原因有（　　）。

A. 供电熔丝烧断　　　　　　　B. 供电电源电路故障

C. 供电接地线故障　　　　　　D. 蓄电池或 DC-DC 转换器故障

二、判断题

1. 电池管理系统通信故障是指电池管理系统模块与整车控制器等其他模块无法通信的故障。（　　）

2. 当电池管理系统出现预充电故障，通常不影响车辆低压上电，但会造成车辆无法高压上电。（　　）

3. 利用故障诊断仪诊断吉利几何电动汽车电池管理系统故障时，发现故障诊断仪与电池管理系统无法通信，需要重点检查的通信总线是 HB-CAN 总线。（　　）

4. 进行故障分析后得出的结论是整车控制器与电池管理系统无法通信，与其他模块通信正常，说明故障原因在电池管理系统模块总线、电源或者自身。（　　）

5. 预充电故障通常不影响车辆低压上电，但会造成车辆无法高压上电。（　　）

三、简答题

1. 简述电池管理系统常见故障类型。

2. 分析"总电流采样失效，P152409"故障的可能原因及排除方法。

3. 绘制电池管理系统故障诊断的基本流程图。

【工匠故事】

奋斗之路——记全国汽车装调冠军范武

2012 年，汽车运用与维修专业的范武进入吉利汽车杭州湾第一制造基地，成为一名一线装配工人。初入职场，他经常为了某一个重要装配环节重复地练习一个动作，功夫不负有心人，范武很快便赶超老师傅，成了流水线上的快手。

匠心之路从严谨、精益求精做起。范武充分利用企业提供的平台资源，不厌其烦地请教师傅，与同事"攀比"技能；遇到无法解决的故障，他便把故障车拆散，把怀疑件逐个换遍；碰到自己无法解决的问题，就加班加点研究、学看电路图样和整车电气原理图，并上网搜索相关知识；专业知识储备不够用，他就不断考试升学，从大专、本科再到研究生，完成自己的大学梦，实现了职场的逆袭。范武先后获得"博瑞车型研发与生产项目"2015年度"研发突出贡献奖"、"宝骏杯"全国第四届乘用车汽车装调工职业技能竞赛中个人优胜一等奖、"全国五一劳动奖章""全国技术能手"等。

2018年，在吉利汽车集团有限公司的支持下，为了传承工匠智慧和技艺，范武成立了自己的工作室，从技能攻关、人才培养、知识沉淀等方面开展工作，把优秀的高技能人才都吸纳到工作室，目的就是把更多优秀的经验传承下去。截至目前，已经攻关了100多个难题，提升了工作效率，为公司节约了200多万的成本。

感悟：青春是用来奋斗的，青年时代选择了吃苦，就等于选择了成功，选择了付出，就等于选择了收获！

项目四 ▶▶▶

新能源汽车充电系统

▶ **项目描述**

对于一辆新能源汽车来讲，充电系统是必不可少的子系统之一，它分为低压充电系统和高压充电系统。低压充电系统是将动力蓄电池的高压转化为低压，并为车上电气设备供电和为 12 V 低压蓄电池充电；高压充电系统则是将电网的电能转化为整车动力蓄电池的电能，并给动力蓄电池充电。因此，充电系统与整车的续驶里程息息相关。

本项目主要学习新能汽车充电系统，分为以下 3 个任务：

任务一　低压充电系统认知与检修
任务二　交流充电系统认知与检修
任务三　直流充电系统认知与检修

通过对 3 个任务的学习，了解新能源汽车充电系统的结构原理，掌握新能源汽车充电的基本方法、特点及充电桩的使用，并学会检修充电系统。

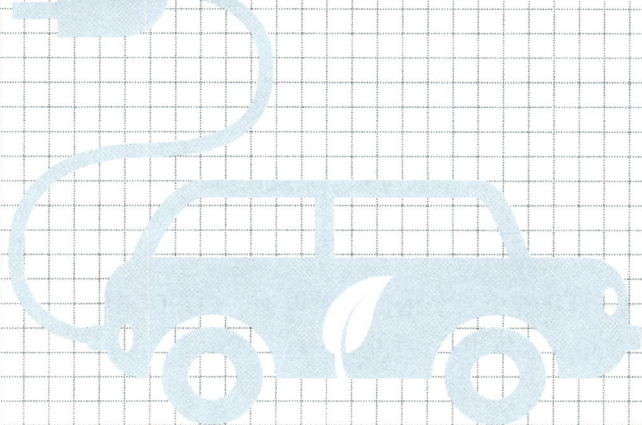

任务一　低压充电系统认知与检修

任务目标

- **知识目标**
1. 掌握新能源汽车低压充电系统的结构；
2. 掌握新能源汽车低压充电系统的功能与原理；
3. 掌握新能源汽车低压充电系统的故障诊断与维修。
- **能力目标**
1. 能够进行新能源汽车低压蓄电池的认知与更换；
2. 能够进行新能源汽车 DC-DC 转换器总成的认知与更换；
3. 能够对低压充电系统故障进行检测、分析、诊断和排除。
- **素养目标**
1. 培养互相交流、沟通以及阅读资料、自主学习的能力；
2. 培养认真负责的工作态度和一丝不苟的工作作风；
3. 培养爱岗敬业、团结协作、勇于创新的精神，增强安全意识。

任务导入

任务情境：一辆 2021 款吉利几何 A 纯电动汽车，行驶里程 15 万 km。用户反映该车起动开关打开时，车辆无法起动，仪表板"低压蓄电池故障指示灯"点亮，并提示"请检查充电系统"。

任务分析：根据车辆故障现象，维修人员初步分析，低压蓄电池故障灯点亮是由蓄电池电量不足引起的，而蓄电池电量不足则可能是因为低压充电系统出了故障。在维修该故障前，需要了解、熟悉低压充电系统的结构与工作原理，在此基础上，才能进行诊断和故障排除。

知识准备

引导问题 1：新能源汽车低压充电系统由哪些结构组成？

一、新能源汽车低压充电系统的结构

新能源汽车低压充电系统由低压蓄电池、DC-DC 转换器、低压电池管理单元（PMU）和前舱熔丝盒等组成，如图 4-1-1 所示。

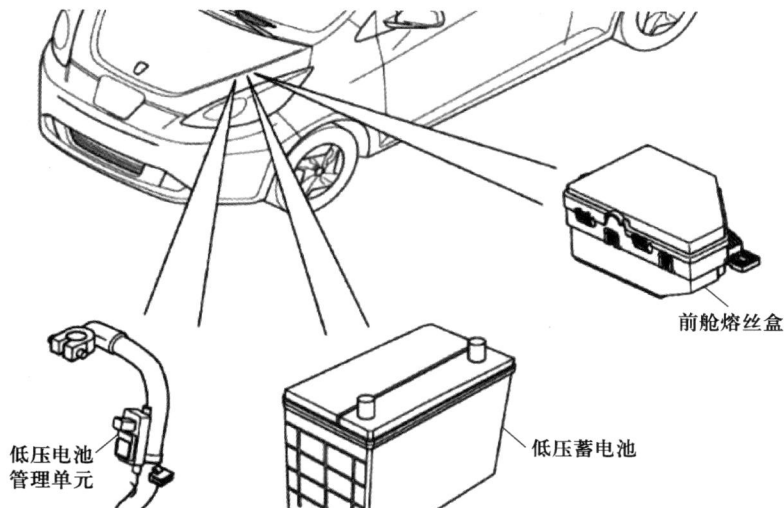

图 4-1-1 低压充电系统的结构示意图

1. 低压蓄电池

（1）低压蓄电池的作用

无论是传统汽车、混合动力汽车，还是纯电动汽车，都离不开低压蓄电池。蓄电池是将化学能直接转化成电能的一种装置，并且可以通过可逆的化学反应实现再充电，属于可逆的直流电源，其主要作用为：车辆起动时，向起动系统和高压控制系统供电；发电机或 DC-DC 转换器不发电或电压较低时向用电设备供电；发电机超载时，协助供电；发电机端或 DC-DC 转换器端电压高于蓄电池电压时，将发电机或 DC-DC 转换器的电能转化为化学能储存起来；起到大电容器作用，吸收电路中形成的过电压。

（2）低压蓄电池的特点

蓄电池已有 100 多年的历史，广泛用作燃油汽车的起动动力电源。蓄电池也是成熟的电动汽车动力电源，它可靠性好、原材料易得、价格便宜，比功率也基本能满足电动汽车的动力性要求。但蓄电池有两大缺点：一个是比能量低，所占的质量和体积太大，且一次充电行驶里程较短；另一个是使用寿命短，使用成本高。

新能源汽车，特别是纯电动汽车，因为没有了起动机，12 V 低压蓄电池不需要给起动机提供起动时的大电流，因此容量变小了。此外，其结构和类型也与传统汽车的蓄电池有所区别。一些新能源汽车的 12 V 低压蓄电池内部通常具有智能控制模块（BMS），用于对蓄电池进行智能控制。例如，蓄电池电压低时，将关闭多媒体系统的电源。

（3）低压蓄电池的类型

新能源汽车上常用的 12 V 低压蓄电池主要分为普通蓄电池、干荷蓄电池、湿荷蓄电池和免维护蓄电池四类。目前，汽车上使用的基本都是免维护的铅酸蓄电池，由 6 个铅酸蓄电池单体（2 V）串联成 12 V 的电池组，如图 4-1-2 所示。

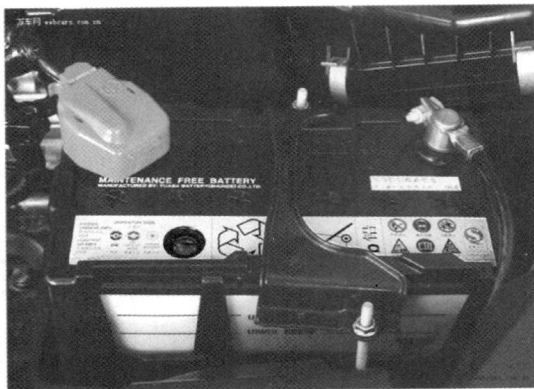

图 4-1-2 12 V 低压蓄电池

铅酸蓄电池采用填满海绵状铅的铅基板栅（又称为格子体）作为负极，填满二氧化铅的铅基板栅作为正极，并用密度 1.26~1.33 g/mL 的稀硫酸作为电解质。铅酸蓄电池在放电时，金属铅是负极，发生氧化反应，生成硫酸铅；二氧化铅是正极，发生还原反应，生成硫酸铅。铅酸蓄电池能反复充电、放电，在用直流电充电时，两极分别生成单质铅和二氧化铅。移去电源后，又恢复到放电前的状态，组成化学电池。

2. DC-DC 转换器

（1）DC-DC 转换器的功能

DC-DC 转换器即直流-直流转换器，是新能源汽车一个非常重要的部件。它将一个不受控制的输入直流电压转换成为另一个受控的输出直流电压，称为 DC-DC 转换。DC-DC 转换器主要起到斩波器的调压作用，斩波器是一种输入的直流电压以一定的频率通断，从而改变输出的平均电压的转换器，电动汽车上是直流对直流的转换。

斩波电路是斩波器的核心组成部分，负责将输入的直流电压转换成目标输出直流电压。根据输入输出电压大小和极性，斩波电路主要分为降压斩波电路、升压斩波电路和升降压斩波电路。降压斩波电路是将电压较高的直流电源降低为低压直流电源；升压斩波电路是将电压较低的直流电源升至电压较高的直流电源；升降压斩波电路是指输出电压既可低于输入电压，也可高于输入电压。

DC-DC 转换器在汽车上的应用可以这么理解：在传统燃油汽车中，发动机安装了发电机来给车上的设备供电，那么新能源汽车中 DC-DC 转换器取代了传统燃油汽车中的发电机，将动力蓄电池的高压直流电转化为整车低压 12 V 直流电，给整车用电系统供电及给低压蓄电池充电。

（2）DC-DC 转换器的结构

外部结构：DC-DC 转换器工作中会产生大量的热量，外壳一般带有散热片，外部连接端子与高压控制盒的高压输入电缆相连接，产生的低压直流电通过外部的低压输出正极端子、低压输出负极端子与低压电路相连接，DC-DC 转换器工作时通过低压控制端与仪表板、整车控制器等系统进行通信和信息交换，保证 DC-DC 转换器与整车协调工作，如图 4-1-3 所示。

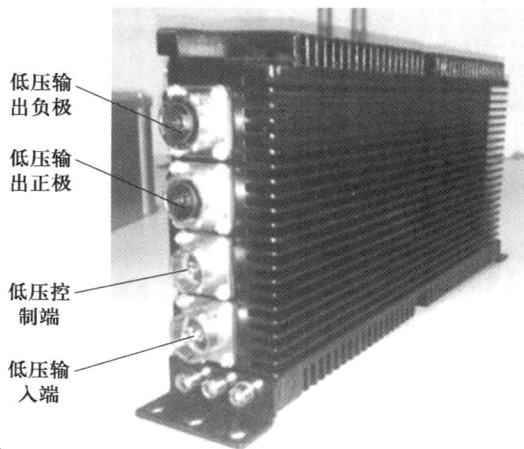

图 4-1-3 某款纯电动汽车 DC-DC 转换器的外部结构

内部结构：DC-DC 转换器内部结构分为高压输入部分、电路板、变压器、低压整流输出电路等，如图 4-1-4 所示。高压部分将从高压配电盒送来的高压直流电引入 DC-DC 转换器内部。电路板上安装有 DC-DC 转换器各种元器件，变压器将高压直流电转变为低压直流电，低压整流输出电路将转变后的低压直流电进行整流并输出。DC-DC 转换器具有效率高、体积小、耐受恶劣环境等特点。

图 4-1-4 某款纯电动汽车 DC-DC 转换器的内部结构

（3）DC-DC 转换器的类型

目前，在新能源汽车里，DC-DC 转换器主要有以下三种类型。

① 高低压转换器（辅助功率模块）。高低压转换器的主要作用是取代传统燃油汽车的 12 V 发电机，在混合动力车辆里，发动机输出的动力直接驱动高压继电器给动力蓄电池补充电力，传统的 12 V 的用电负荷就完全依靠 DC-DC 转换器供给，功率范围为 1~2.2 kW。

② 12 V 电压稳定器。12 V 电压稳定器主要用在部分起停（Start-Stop）系统，在起动中避免电压波动对一些敏感的负载造成影响或损坏，例如用户可见的负载、

车内照明、收音机和显示屏等，电压稳压器的功率等级根据用电器负荷而定，一般是 200~400 W。

③ 高压升压器。为了提高动力系统的效率，选用一个升压器来提高逆变输入的电压，这个部件是动力总成的一部分，集成在动力总成中。如果采用锂离子电池作为动力蓄电池，升压器是一个十分重要的部分。

3. 低压电池管理单元

低压电池管理单元通常用胶带捆绑固定在蓄电池负极电缆，管理单元（模块）本身包含电压传感器、电流传感器和温度传感器，这些传感器用来采集蓄电池的工作状态信息，如图 4-1-5 所示。低压电池管理单元通过传感器采集蓄电池电压、电流和温度信息，对蓄电池状态进行计算，并且获得整车的用电器工作状态和 DC-DC 转换器工作状态，实现整车供电系统对蓄电池的动态电量平衡、节能模式、智能充电等功能。

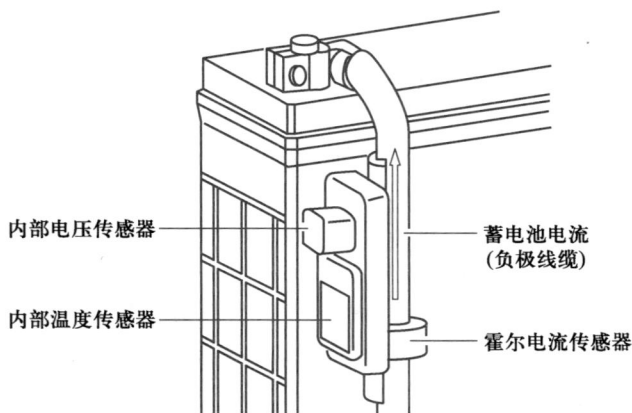

图 4-1-5　低压电池管理单元

以市场上某款主流的电动车型为例，其低压电池管理单元插接件端视图如图 4-1-6 所示。

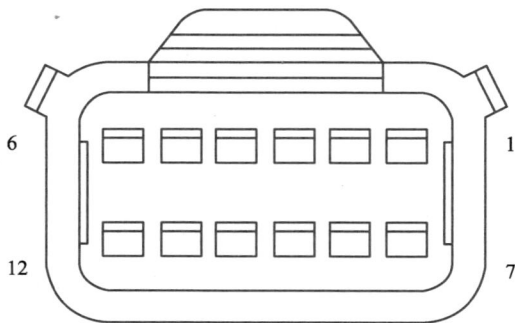

图 4-1-6　低压电池管理单元插接件端视图

其插接件共有 12 个端子，定义见表 4-1-1。

表 4-1-1　低压电池管理单元插接件端子定义

端 子 号	描 述
1	电源管理单元模块供电（B+）
2	—
3	慢充充电信号
4	蓄电池电压读取（−）
5	电源管理单元模块接地（GND）
6	—
7	蓄电池电压读取（+）
8	点火开关位置信号（IGN）
9	点火开关位置信号（ST）
10	点火开关位置信号（ACC）
11	高速 CAN1 低电平（CAN_L）
12	高速 CAN1 高电平（CAN_H）

引导问题 2：新能源汽车低压充电系统常见的故障有哪些？如何进行检修？

二、新能源汽车低压充电系统的故障诊断与检修

新能源汽车低压充电系统常见的故障主要是低压蓄电池亏电、无电等现象。对于纯电动汽车而言，低压蓄电池一旦出现亏电，车辆将无法起动。这主要是因为控制模块正常工作电压通常为 9～16 V，低于 9 V，车辆的控制模块将无法正常工作，车辆也就无法起动。

下面以吉利几何 A 纯电动汽车为例，介绍 12 V 低压充电系统的故障诊断与检修方法，其他型号的车辆请参照相关的维修手册或资料。

1. 12 V 蓄电池故障

（1）故障现象

将点火开关置于 ON 挡，仪表显示低压蓄电池故障，系统故障灯点亮。

（2）可能原因

蓄电池本身故障、DC-DC 转换器自身故障、DC-DC 转换器与蓄电池连接电路故障。

（3）检查与排除方法

① 检查蓄电池电压值是否正常。

② 检查前舱熔丝盒内 DC-DC 转换器的熔丝是否正常。

③ 检查 DC-DC 转换器电源正负极供电电路是否正常。

④ 检查分线盒对接高压线束插接件的电路是否正常。

⑤ 检查 DC-DC 转换器输出端的搭铁线负极插件端子是否正常。如果不正常，则进行更换或检修。

（4）故障分析

关于低压蓄电池故障，主要有以下两个原因：

① 蓄电池本身故障，储能下降：蓄电池的检测比较简单，只要有专用检测仪或高频放电计就可以确定蓄电池的性能。

② DC-DC 转换器总成系统故障，无法给蓄电池充电：新能源汽车是利用动力蓄电池的高压直流电通过 DC-DC 转换器转换成低压直流电给其他低压电器供电，同时给蓄电池充电。当整车电器使用的功率大于 DC-DC 转换器输出功率时，蓄电池协助 DC-DC 转换器供电来满足电能的需求。从以上检查过程可以看出，DC-DC 转换器检查的主要是其本身是否能正常工作，其次检查高压直流电源输入和低压输出的电路。

2. DC-DC 转换器故障

DC-DC 转换器总成常见故障现象及故障排除方法如下。

（1）低压蓄电池亏电

故障原因：DC-DC 转换器无输出。

故障排除方法：无高压输入或无 12 V 起动信号电压输入以及 DC-DC 转换器自身故障均会造成 DC-DC 转换器无输出电压。

首先测量 DC-DC 转换器输入端是否有高压输入，检测方法如下：

① 将 DC-DC 转换器高压插头拔出，点火开关置于 "ON" 挡位后，用万用表电压挡测量插头两个插孔之间电压，正常应当有直流高压。

② 若无高压输入，将点火开关置于 "LOCK" 挡位后，将前机舱分线盒打开，用万用表通断挡检测 DC-DC 转换器熔丝（16 A 分线盒内最右侧）是否烧断。

③ 若 DC-DC 转换器熔丝完好，则用万用表通断挡检测动力电泡总正熔丝（300 A 分线盒内最左侧）是否烧断。

④ 若总正熔丝完好，则可断定为动力蓄电池内故障（动力回路断路或电池管理系统故障）。

若测量 DC-DC 转换器输入端有高压输入，则需进一步检测是否有 12 V 起动电压信号输入，检测方法如下：

① 将 DC-DC 转换器输出端插件断开。

② 将点火开关置于 "ON" 挡位后，用万用表电压挡测量主线上信号线插件端子与 DC-DC 输出插件负极端子之间的电压，应为 12 V。

③ 若无 12 V 起动信号电压输入，则为主线电路故障，需要进一步检测主线信号插件端子至常电电池正极之间电路的通断。

④ 若测量输入端有高压输入且 12 V 起动信号电压正常，则可判定 DC-DC 转换器自身故障造成无输出电压。

（2）灯光强度不够

故障原因：DC-DC 转换器输出电压低。

排除方法：DC-DC 转换器自身故障，更换新的 DC-DC 转换器。

DC-DC 转换器工作异常的排查步骤：首先测量有无电压输入，其次测量有无 12 V 电压信号输入，然后测量有无电压输出。

DC-DC 转换器总成系统常见故障及原因分析见表 4-1-2。

表 4-1-2　DC-DC 转换器总成系统常见故障及原因分析

系　　统	常见故障	可能原因	排除方法
DC-DC 转换器 总成系统	整车低压电器无电	DC-DC 转换器控制线故障	调整
		无高压输入电压	调整或更换
		DC-DC 转换器损坏，无输出电压	检查或更换
		其他线束故障	更换
	低压蓄电池 亏电	DC-DC 转换器输出电压低	更换
		继电器损坏	更换
		低压蓄电池故障	检查排除
		线束故障	更换

任务实训

实训一　吉利几何 A 汽车低压充电系统主要部件的认知与更换

1. 实训要求

本次实训任务主要进行新能源汽车低压电源系统的认知与更换。具体内容和要求包括以下两个方面：

① 完成低压蓄电池的认知与更换。

② 完成 DC-DC 转换器的认知与更换。

2. 实训准备

1）安全防护装备：工作服、绝缘安全鞋、护目镜、安全帽、绝缘手套等。

2）车辆、台架、总成：吉利几何 A 纯电动汽车整车或台架，或其他纯电动汽车整车或台架。

3）专用工具、设备：绝缘拆装组合工具。

4）手工工具：新能源汽车维修组合工具。

5）辅助材料：高压维修警示牌和设备、绝缘地垫、干粉灭火器、清洁剂等。

6）参考资料：吉利几何 A 纯电动汽车维修手册、电路图册等。

3. 注意事项

① 禁止未参加过该车型高压系统知识培训的维修人员拆解高压系统（包括手动维修开关、动力蓄电池、驱动电机、电力电子箱、高压配电单元、高压线束、空调压缩机、交流充电接口和交流充电线、快速充电接口、电加热器、慢速充电器等）。

② 在开始维修作业前，维修人员必须穿戴好高压安全保护用具：戴好绝缘手套，穿好高压绝缘安全鞋。在戴绝缘手套前，必须要检查绝缘手套是否有破损，要确保绝缘手套无绝缘失效。

③ 当拆解或装配高压配件时，必须断开12 V电源，如整车动力蓄电池上设有手动维修开关的，还必须断开维修开关。

4. 实施步骤

（1）低压蓄电池的认知与更换

① 低压蓄电池的拆卸。

a. 关闭点火开关，车辆静置5 min以上，方可进行拆卸作业。

> **注意：** 正常情况下，在点火开关关闭后，高压系统还存在高压电，这是因为电机控制器中高压电容的存在造成的。需要经过一段时间的等待，高压电容中的电能才能完全释放。

b. 断开蓄电池负极电缆1，如图4-1-7所示。

c. 断开蓄电池正极电缆2。

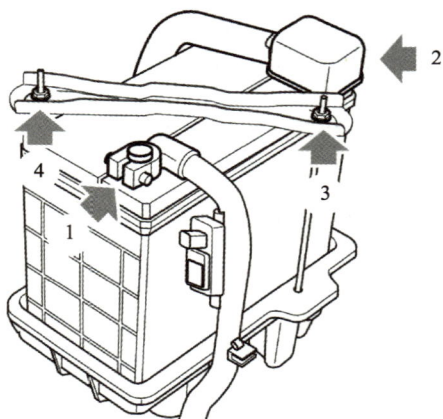

图4-1-7 低压蓄电池

d. 拆下手动维修开关。

e. 略微松开固定于蓄电池压板上的螺母3和螺母4。

f. 卸下螺母3，在取出蓄电池压板一端后，将螺母3拧回长螺栓。

> **注意：** 取下将长螺栓固定于蓄电池压板的螺母后，请及时拧上螺母，防止长螺栓滑落。

g. 卸下螺母4，在取出蓄电池压板另一端的同时，将螺母4拧回长螺栓。

h. 拆下蓄电池压板。

i. 取出蓄电池，蓄电池拆卸完毕。

② 低压蓄电池的安装。

a. 将蓄电池放置到蓄电池托盘适当位置。

b. 将蓄电池压板穿入固定在蓄电池托盘上的两个长螺栓。

c. 将两个螺母固定到长螺栓上，拧紧至7~10 N·m，并检查转矩。

d. 安装手动维修开关。

e. 连接两根蓄电池电缆。先连接正极电缆，再连接负极电缆。

f. 蓄电池安装完毕。

（2）DC-DC 转换器的认知与更换

吉利几何 A 纯电动汽车没有单独的 DC-DC 转换器模块，其 DC-DC 转换器集成在了电机控制器内部。下面介绍吉利几何 A 汽车电机控制器总成（DC-DC 转换器）的拆卸与安装：

① 关闭点火开关，车辆静置5 min 以上。

② 打开前机舱盖，拆卸前机舱装饰罩。

③ 断开蓄电池负极电缆。

④ 排放电机控制系统冷却液。

⑤ 拆卸电机控制器总成（DC-DC 转换器）。

a. 断开直流母线，如图 4-1-8 所示。

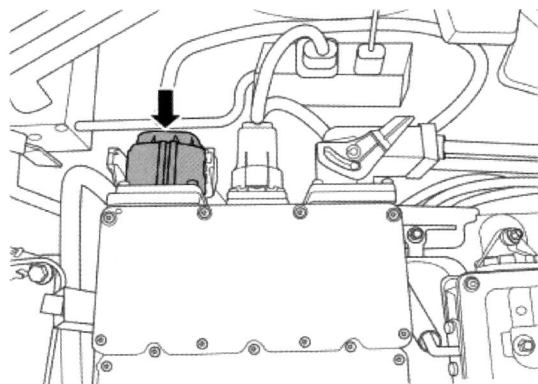

图 4-1-8　直流母线插头

b. 断开电机控制器高压线束（电机控制器侧）插接器，脱开直流高压线束，如图 4-1-9 所示。

c. 断开驱动电机三相线束插接器（电机控制器侧），如图 4-1-10 所示。

d. 断开电机控制器低压控制线束插接器 1，拆卸蓄电池负极电缆固定螺栓 2，如图 4-1-11 所示。

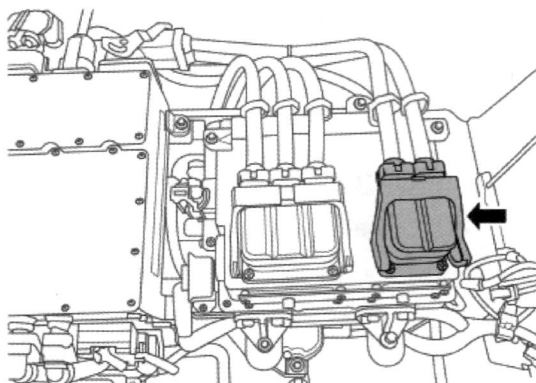

图 4-1-9　电机控制器高压线束（电机控制器侧）插接器

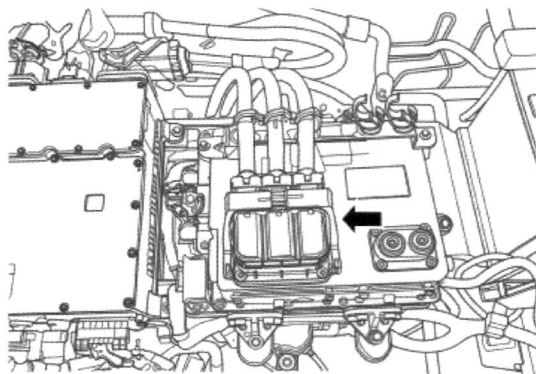

图 4-1-10　驱动电机三相线束插接器（电机控制器侧）

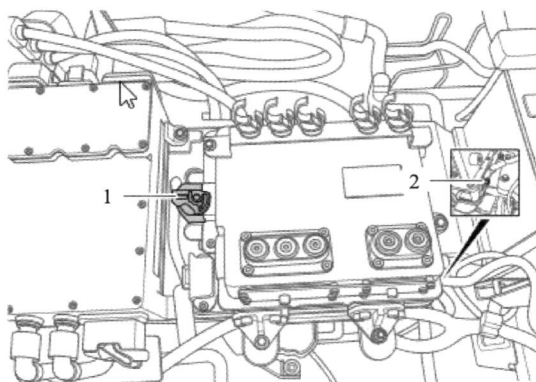

图 4-1-11　低压控制线束插接器及蓄电池负极电缆固定螺栓

e. 打开电机控制器低压输出电缆保护盖，如图 4-1-12 所示。

f. 拆卸电机控制器低压输出电缆一颗紧固螺母，断开电机控制器低压控制线束插接器，如图 4-1-13 所示。

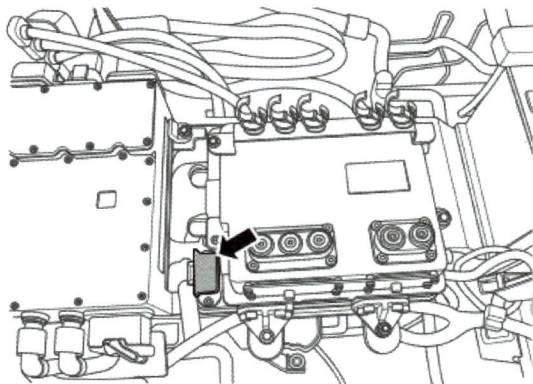

图 4-1-12 电机控制器低压输出电缆保护盖

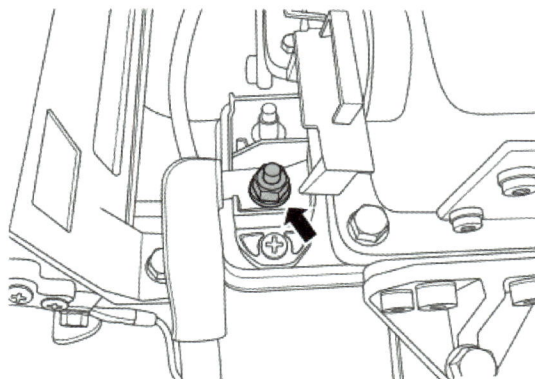

图 4-1-13 电机控制器低压输出电缆紧固螺母

g. 脱开电机控制器进水管和出水管。

h. 拆卸电机控制器四颗固定螺栓，取出电机控制器（图 4-1-14）。

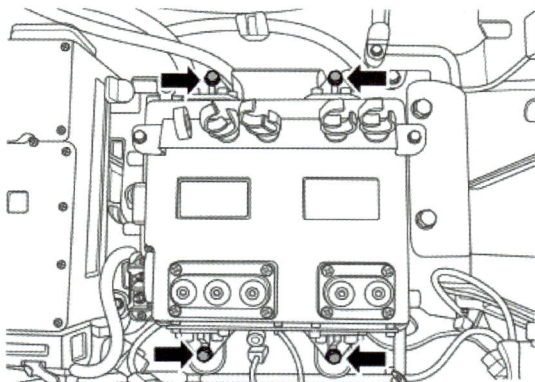

图 4-1-14 电机控制器固定螺栓

⑥ 安装电机控制器总成（DC-DC 转换器）以相反的顺序进行即可。需要注意

的是，安装电机控制器四颗固定螺栓需按 23 N·m 的转矩进行紧固；安装电机控制器低压输出电缆紧固螺母和蓄电池负极电缆固定螺栓需按 20 N·m 的转矩进行紧固；线束插接时要牢靠，遵循"一插、二响、三确认"。由此完成电机控制器总成（DC-DC 转换器）的更换。

5. 实训工单

任务一： 低压充电系统认知与检修	小组人员：	
班级：	学号：	指导教师签字：
日期：		

实训一   吉利几何 A 汽车低压充电系统主要部件的认知与更换

车型：	年次：	SOC：
VIN：		

注意事项：
① 实车操作应低压可靠断电、禁止高压上电。
② 操作过程中应注意严防触电、规范使用工量具。
③ 能完成低压充电系统主要部件的拆卸和装配。
④ 设备、工位隔离，禁止无关人员进入

1. 工具、量具

2. 维修资料及辅助材料

3. 制订工作计划及人员分工

4. 工作现场安全准备、检查

作业：吉利几何 A 汽车低压充电系统主要部件的认知与更换

拆装步骤		拆装技术要求/注意事项		结 果 评 价
拆	装	拆	装	
				正常□ 损坏□
				正常□ 损坏□

续表

拆装步骤		拆装技术要求/注意事项		结 果 评 价
拆	装	拆	装	
				正常□　　损坏□
				正常□　　损坏□
				正常□　　损坏□
				正常□　　损坏□
				正常□　　损坏□
				正常□　　损坏□
				正常□　　损坏□
				正常□　　损坏□
				正常□　　损坏□

5. 是否进行零部件基本检查及清洁

6. 总结本次任务重点

7. 本次任务存在的问题及解决方法

实训二　吉利几何 A 汽车低压充电系统故障诊断与维修

1. 实训要求

本次实训任务主要学习新能源汽车低压充电系统的故障诊断与维修。具体内容和要求主要包括以下两个方面：

① 完成 DC-DC 转换器的检测与维修。

② 完成 DC-DC 转换器的故障诊断。

2. 实训准备

① 安全防护装备：工作服、绝缘安全鞋、护目镜、安全帽、绝缘手套等。

② 车辆、台架、总成：吉利几何 A 纯电动汽车整车或台架，或其他纯电动汽车整车或台架。

③ 专用工具、设备：绝缘拆装组合工具。

④ 手工工具：新能源汽车维修组合工具。

⑤ 辅助材料：高压维修警示牌和设备、绝缘地垫、干粉灭火器、清洁剂等。

⑥ 参考资料：吉利几何 A 纯电动汽车维修手册、电路图册等。

3. 注意事项

① 禁止未参加过该车型高压系统知识培训的维修人员拆解高压系统（包括手动维修开关、动力蓄电池、驱动电机、电力电子箱、高压配电单元、高压线束、空调压缩机、交流充电接口和交流充电线、快速充电接口、电加热器、慢速充电器等）。

② 在开始维修作业前，维修人员必须穿戴好高压安全保护用具：戴好绝缘手套，穿好高压绝缘安全鞋。在戴绝缘手套前，必须要检查绝缘手套是否有破损，要确保绝缘手套无绝缘失效。

③ 当拆解或装配高压配件时，必须断开 12 V 电源，如果整车动力蓄电池上设有手动维修开关的，还必须断开维修开关。

4. 实施步骤

（1）DC-DC 转换器的工作检查

① 将点火开关置于 OFF 挡，断开所有用电器并拔出钥匙。

② 按压低压蓄电池锁压件，打开盖板并裸露出蓄电池正极。

③ 使用专用万用表电压挡测量低压蓄电池的电压，并记录数值，如图 4-1-15 所示。

视频

吉利几何电动汽车 DC-DC 转换器的工作检查

图 4-1-15　整车上电前低压蓄电池电压

④ 将点火开关置于 ON 挡，整车上电，继续读取万用表数值，查看变化情况（车内用电设备关闭），如图 4-1-16 所示，这时所测的电压值是 DC-DC 转换器输出的电压。若在整车上电后且关闭车内用电设备的情况下，检测 DC-DC 转换器输出电压，应在 13.5~14 V 范围内。

（2）DC-DC 转换器的故障诊断

① 故障码说明。如 DC-DC 转换器发生故障，利用故障诊断仪读取控制单元储存的 DTC（故障码），会读取到 "P1C3704 DCDC 故障等级 1" "P1C3804 DCDC 故障等级 2" 及 "P1C3904 DCDC 故障等级 3" 等故障码，见表 4-1-3。

图 4-1-16 整车上电后低压蓄电池电压

表 4-1-3 DC-DC 转换器故障码说明表

故　障　码	说　明
P1C3704	DC-DC 转换器故障等级 1
P1C3804	DC-DC 转换器故障等级 2
P1C3904	DC-DC 转换器故障等级 3
P1C6B0B	常规请求上高压等待 DC-DC 转换器工作超时
P1C6B0C	充电请求上高压等待 DC-DC 转换器工作超时
P1C6B0D	智能补电请求上高压等待 DC-DC 转换器工作超时
P1C6B0E	对外放电请求上高压等待 DC-DC 转换器工作超时
P1C6B0F	远程空调请求上高压等待 DC-DC 转换器工作超时
P1C6B15	常规下电等待 DC-DC 转换器断开超时
P1C6B16	充电下电等待 DC-DC 转换器断开超时
P1C6B17	智能补电等待 DC-DC 转换器断开超时
P1C6B18	对外放电等待 DC-DC 转换器断开超时
P1C6B19	远程空调等待 DC-DC 转换器断开超时
P1C6B1D	直流充电，DC-DC 转换器逻辑超时（一直发送 inactive 状态）
P1C6B20	智能补电，DC-DC 转换器逻辑超时（一直发送 inactive 状态）
P1C6B21	智能补电，IPU 逻辑超时（一直发送 standby 状态）
P1C6B24	预约充电 DC-DC 转换器逻辑超时（一直发送 inactive 状态）
P1B1023	低压端输出与蓄电池连接断开故障
P1B101B	B+/B-连接检查
P1B1027	输出电压硬件过电压
P1B1028	输出电压超调检测

故 障 码	说 明
P1B101A	严重故障确认故障次数超限
P1B100F	DC-DC 转换器模式接收 Elmar CAN 信号超时
P1B1014	DC-DC 转换器未知故障
P1B1019	DC-DC 转换器 peak 硬件过电流

② 电路简图。吉利几何 A 汽车电机控制器（DC-DC 转换器）的电路简图如图 4-1-17 所示。

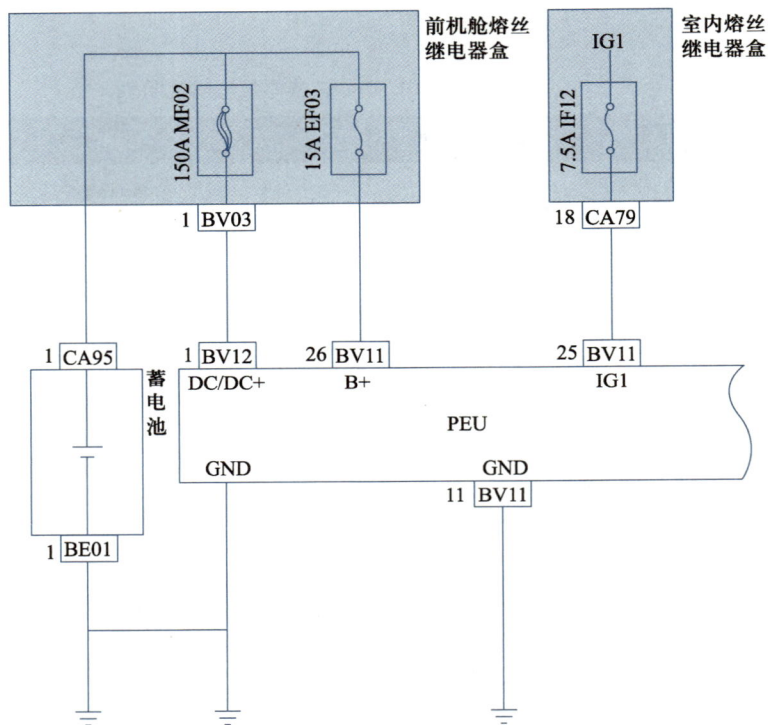

图 4-1-17 吉利几何 A 汽车电机控制器（DC-DC 转换器）电路简图

③ 诊断步骤。

a. 检查蓄电池电压。

操作起动开关使电源置于 OFF 挡。

用万用表测量蓄电池电压。标准电压值为 11~14 V。

确认测量值是否符合标准。

➢ 是，进行"b."步。

➢ 否，更换蓄电池或检修充电系统。

b. 检查电机控制器熔丝 EF03、IF12 是否熔断。

操作起动开关使电源置于 OFF 挡。

拔下熔丝 EF03 检查熔丝是否熔断。熔丝额定容量为 15 A。

拔下熔丝 IF12 检查熔丝是否熔断。熔丝额定容量为 7.5 A。

➢ 是，检修熔丝电路。

➢ 否，进行"c."步。

c. 检查电机控制器低压电源电压。

操作起动开关使电源置于 OFF 挡。

断开电机控制器线束插接器 BV11（图 4-1-18）。

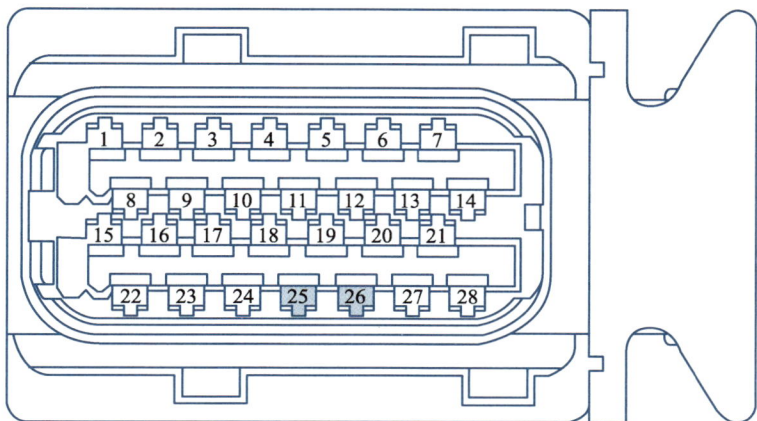

图 4-1-18 电机控制器线束插接器 BV11

操作起动开关使电源置于 ON 挡。

用万用表测量电机控制器线束插接器 BV11 端子 25 和车身接地之间的电压值。标准电压为 11~14 V。

用万用表测量电机控制器线束插接器 BV11 端子 26 和车身接地之间的电压值。标准电压为 11~14 V。

确认测量值是否符合标准。

➢ 是，进行"d."步。

➢ 否，修理或更换线束。

d. 检查电机控制器接地电阻。

操作起动开关使电源置于 OFF 挡。

断开电机控制器线束插接器 BV11。

用万用表测量电机控制器线束插接器 BV11 端子 11 和车身接地之间的电阻。标准电阻小于 1 Ω。

确认测量值是否符合标准。

➢ 是，进行"e."步。

➢ 否，修理或更换线束。

e. 检查 DC-DC 转换器与蓄电池之间的电路。

操作起动开关使电源置于 OFF 挡。

断开蓄电池负极电缆。

断开直流母线总成线束插接器（充电机侧）。

静止 5 min 后用万用表测量母线电压。

> **注意：**母线电压低于 36 V 方可进行后续步骤。

断开电机控制器线束插接器 BV11。

断开蓄电池正极电缆。

用万用表测量电机控制器线束插接器 BV11 端子 26 和蓄电池正极线束插接器 CA95 端子 1（图 4-1-19）之间的电阻。标准电阻：小于 1Ω。

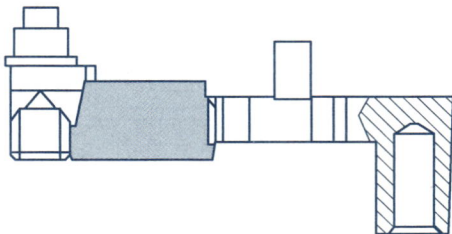

图 4-1-19　蓄电池正极线束插接器 CA95

确认测量值是否符合标准。

➢ 是，进行"f."步。

➢ 否，修理或更换线束。

f. 更换电机控制器（DC-DC 转换器）。

操作起动开关使电源置于 OFF 挡。

断开蓄电池负极电缆。

断开直流母线总成线束插接器（充电机侧）。

静止 5 min 后用万用表测量母线电压。

> **注意：**母线电压低于 36 V 方可进行后续步骤。

更换电机控制器。参见电机控制器的更换。

确认故障排除。

5. 实训工单

任务一： 低压充电系统认知与检修	小组人员：	
班级：	学号：	指导教师签字：
日期：		
实训二　吉利几何 A 汽车低压充电系统故障诊断与维修		
车型：	年次：	SOC：

续表

VIN：

任务要求：
① 实车操作应低压可靠断电，禁止高压上电。
② 操作过程中应注意严防触电，规范使用工量具。
③ 能完成低压充电系统主要部件的拆卸和装配。
④ 设备、工位隔离，禁止无关人员进入

1. 工具、量具

2. 维修资料及辅助材料

3. 制订工作计划及人员分工

4. 工作现场安全准备、检查

作业：吉利几何 A 汽车低压充电系统故障诊断与维修

故障现象确认		
	部件/电路范围	结果评价
部件/电路检测		正常□　不正常□
		正常□　不正常□
		正常□　不正常□
		正常□　不正常□
		正常□　不正常□
		正常□　不正常□
		正常□　不正常□
		正常□　不正常□
		正常□　不正常□
		正常□　不正常□

续表

故障点确认	
5. 是否进行零部件基本检查及清洁	
6. 总结本次任务重点	
7. 本次任务存在的问题及解决方法	

⚙ **知识拓展**

DC-DC 转换器的工作原理

　　DC-DC 转换器内部转换如图 4-1-20 所示，由 DC 转 AC、变压器、整流二极管、滤波电路四部分组成。DC-DC 转换器在工作过程中，先把高压直流电变成交流电，借助四个电子开关器件，配合一个线圈，变成交变的方波电压。这个电压经过一个变压器变成一个低压的交变电压，再经过整流二极管进行一次全波整流之后，通过滤波电路和电容，最后变成一个 14 V 的低压电流。所有这些集成在一起构成 DC-DC 转换器，目前 DC-DC 转换器有独立的，也有集成到高压配电盒内的。

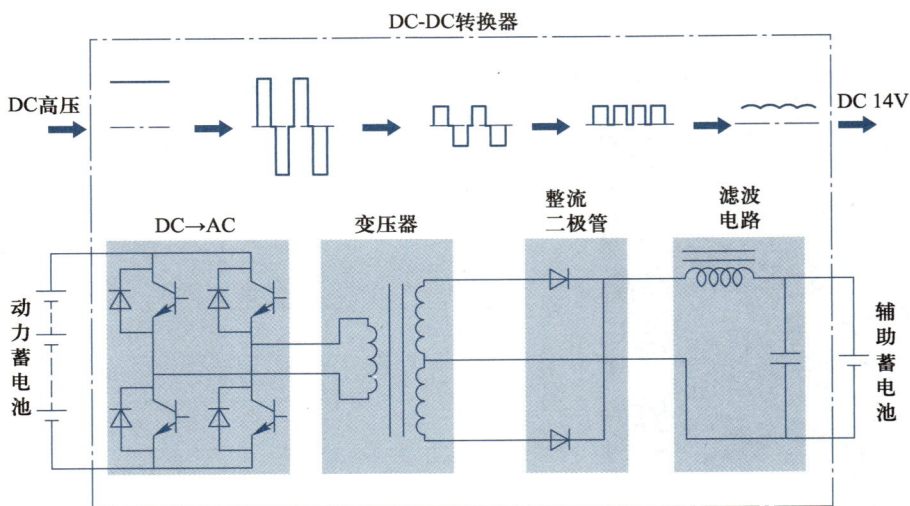

图 4-1-20　DC-DC 转换器的结构

任务练习

一、选择题

1. 目前，在新能源汽车里 DC-DC 转换器有（　　）种类型。

A. 2　　　　　　　　　B. 3　　　　　　　　C. 4　　　　　　　　　D. 5

2. （　　）不需要佩戴绝缘手套拆装。

A. 动力蓄电池　　　　　　　　　　B. DC-DC 转换器

C. 驱动电机　　　　　　　　　　　D. 前照灯

3. 点火开关置于 ON 挡，仪表显示蓄电池故障，系统故障灯点亮，可能的故障原因有（　　）。

A. 蓄电池本身故障　　　　　　　　B. DC-DC 转换器故障

C. DC/DC 转换器与蓄电池连接电路故障　　D. 以上都对

4. 拆卸蓄电池负极前，必须确保点火开关处于关闭状态，并将车钥匙放在口袋。必须等待（　　）min 后方可进行下一步操作。

A. 10　　　　　　　　B. 15　　　　　　　　C. 20　　　　　　　　D. 30

5. 新能源汽车，不管是强混、插电/增程式混合动力，还是纯电动汽车，整个系统架构上都用（　　）来取代原有的发电机，用高压的驱动电机直接驱动车辆。

A. AC-AC　　　　　　　　　　　　B. DC-DC

C. DC-AC　　　　　　　　　　　　D. 以上都不对

二、判断题

1. 新能源汽车低压电源供给是将动力蓄电池的电流通过 DC-AC 转变为 12 V 低压电流。（　　）

2. 无论是传统汽车、混合动力汽车，还是纯电动汽车，都离不开蓄电池。（　　）

3. 新能源汽车，特别是纯电动汽车，低压蓄电池不需要给起动机提供起动时的大电流，容量变小，此外，结构和类型也与传统汽车有所区别。（　　）

4. DC-DC 转换器是新能源汽车一个非常重要的部件，DC-DC 转换器将一个不受控制的输入直流电变换成为另一个受控的输出直流电。（　　）

5. 新能源汽车中 DC-DC 转换器的功能相当于传统燃油汽车中的发电机。（　　）

三、简答题

1. 简述新能源汽车低压充电系统的结构。

2. 简述 DC-DC 转换器的结构、功能及类型。

3. 简述新能源汽车低压充电系统常见的故障及检修方法。

任务二　交流充电系统认知与检修

任务目标

● **知识目标**

1. 掌握新能源汽车交流充电系统的结构；
2. 掌握新能源汽车交流充电系统的功能与原理；
3. 掌握新能源汽车交流充电系统的故障诊断与维修。

● **能力目标**

1. 能够进行新能源汽车交流充电系统的认知与更换；
2. 能够进行新能源汽车交流充电的正常操作；
3. 能够对交流充电系统故障进行检测、分析、诊断与排除。

● **素养目标**

1. 培养互相交流、沟通以及阅读资料、自主学习的能力；
2. 培养认真负责的工作态度和一丝不苟的工作作风；
3. 培养爱岗敬业、团结协作、勇于创新的精神，增强安全意识。

任务导入

任务情境：一辆 2021 款吉利几何 A 纯电动汽车，行驶里程 15 万 km。用户反映，该车在插上交流充电枪后，仪表显示充电界面但无充电功率，并且充电指示灯不亮，车辆无法进行交流充电。

任务分析：根据车辆故障现象，维修人员初步分析，是由于交流充电系统出现故障导致的。交流充电系统故障主要包含充电桩故障、充电枪故障、车辆充电电路和部件故障。在维修故障前，需要了解和熟悉交流充电系统的结构与工作原理，在此基础上，才能按照思路进行诊断和排除故障。

知识准备

引导问题 1：新能源汽车交流充电系统由哪些结构组成？

一、新能源汽车交流充电系统的结构

交流充电系统通过交流充电线束（家用慢速充电线束、充电桩慢速充电线束）与 220 V 家用交流插座或交流充电桩相连，将 220 V 交流电转化为直流电，以实现动力蓄电池的电能补给。交流充电系统主要是由供电设备（交流充电桩或家用交

流电源等）、充电枪、交流充电接口、车载充电机、高压线束、低压控制线束、高压控制盒（分线盒）、动力蓄电池、整车控制器等部件组成的，如图 4-2-1 所示。

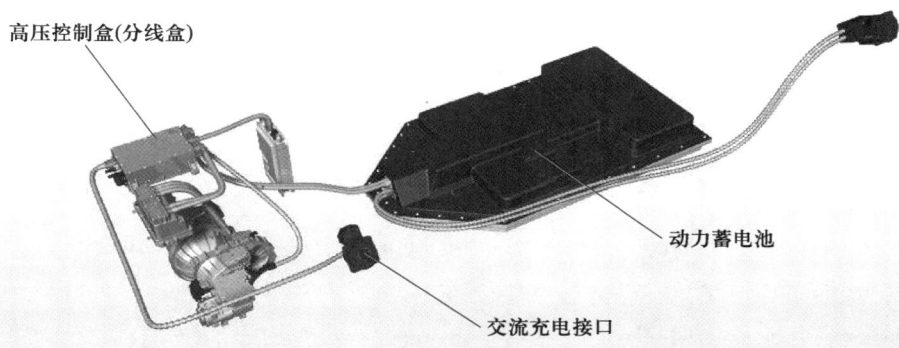

图 4-2-1 交流充电系统的主要组成

1. 交流充电桩

交流充电桩是指固定安装在电动汽车外，与交流电网连接，采用传导方式为电动汽车车载充电机（即固定安装在电动汽车上的充电机）提供交流电源的供电装置。交流充电桩只提供电力输出，没有充电功能，需连接车载充电机为电动汽车充电，相当于只是起了一个控制电源的作用。交流充电桩由充电指示灯、触摸显示屏、IC 卡读写器、充电插头和充电插座等组成。充电设备主要有充电宝（图 4-2-2）、便携式充电桩（图 4-2-3）和壁挂式充电桩（图 4-2-4）三种类型。

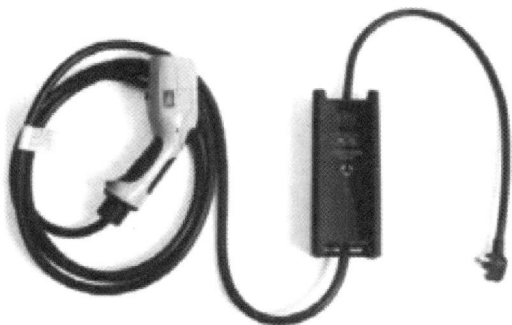

图 4-2-2 充电宝

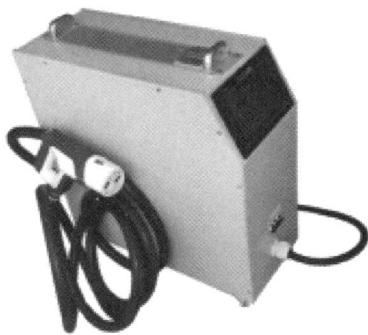

图 4-2-3 便携式充电桩

2. 交流充电接口

交流充电接口是充电桩与电动汽车慢充接口进行物理连接，完成充电和控制引导的插接器。交流充电可以分为单相交流充电和三相交流充电两种，其充电接口相同，单相交流充电主要应用在家庭充电设施和一些标准的公共充电设施，这类充电接口比较简单，一般插头为三个端子，分别为交流相线、交流零线和接地线。如图 4-2-5 所示，它与传统的电源插座类似，只是形体和额定电流较大。应用单向交流充电，根据国家标准其电流不能超过 8 A，电压不能超过 250 V。不能直接将插座与充电接口连接，需要增加车载保护装置。

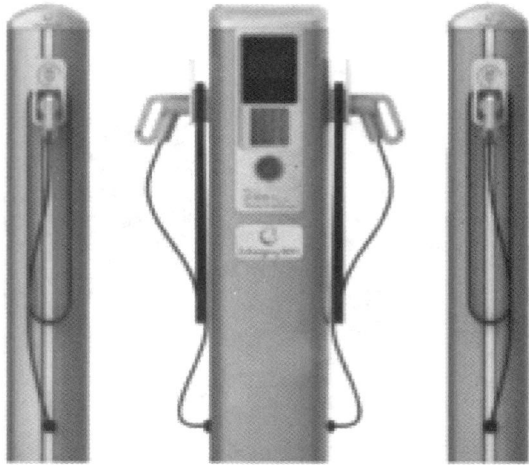

图 4-2-4　壁挂式充电桩

图 4-2-5　单相交流充电接口

　　三相交流充电接口一般用于较大的充电站，这种充电接口充电电流较大，外形相对较大，功能复杂。如图 4-2-6 所示，由于这类插头较大，设计的形状类似于枪，所以一般称为充电枪。采用单相交流供电时，电流不大于 32 A；采用三相交流供电时，电流不大于 63 A，充电电压处于 250~440 V。

　　吉利几何 A 汽车交流充电接口安装在车上左前翼子板上，充电时，根据选择的充电类型，连接交流充电枪插头插到相应的充电插座，正确连接后开始充电。充电接口连接后形成检测回路，当出现连接故障时，系统可以检测该故障。吉利几何 A 汽车将直流和交流两种充电接口分别安装在左侧前后的翼子板处，前面的是带有指示灯的 6.6 kW 慢充口，绿色灯光代表充电完成，白色是照明，红色是充电故障指示灯，蓝色为放电指示灯。吉利几何 A 汽车车载充电接口及充电接口灯光指示信息如图 4-2-7 所示。

图 4-2-6 三相交流充电接口

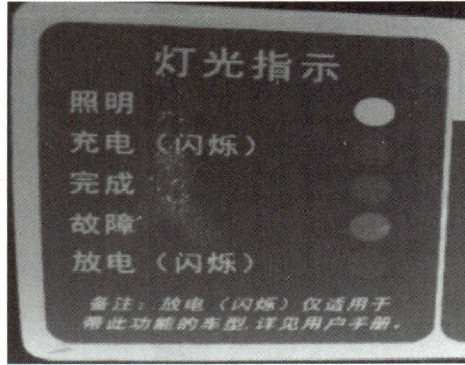

图 4-2-7 吉利几何 A 汽车车载充电接口及充电接口灯光指示信息

国标交流充电桩接口最终采用的七个端子结构，其端子分布方式如图 4-2-8 所示。交流充电接口端子功能定义见表 4-2-1。

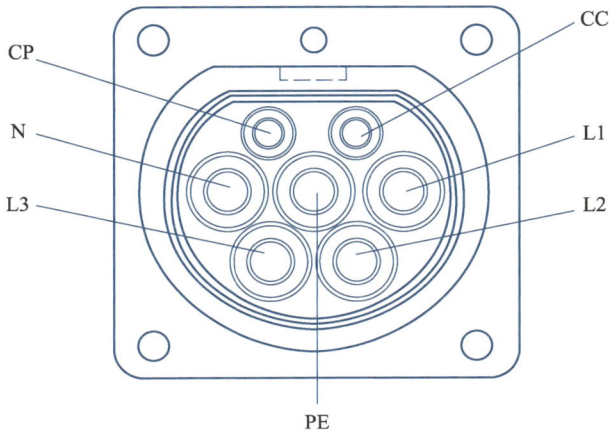

图 4-2-8 交流充电接口端子含义

表 4-2-1　交流充电接口端子功能定义

触电编号/功能	功能定义	触电编号/功能	功能定义
1/交流电源（L1）	A 相交流电源	5/保护接地（PE）	连接供电设备地线和车辆车身地线
2/交流电源（L2）	B 相交流电源		
3/交流电源（L3）	C 相交流电源	6/控制确认（CC）	充电连接确认
4/中线（N）	中性线	7/控制确认（CP）	充电控制确认

3. 车载充电机

按照《电动汽车用传导式车载充电机》的定义，车载充电机是指固定安装在电动汽车上，将公共电网的电能变换为车载储能装置所要求的直流电，并给车载储能装置充电的装置。车载充电机依据电池管理系统提供的数据，能动态调节充电电流或电压参数，执行相应的动作，完成充电过程。

（1）车载充电机的结构

以吉利几何 A 汽车为例，其车载充电机安装在车辆前舱右侧，其车载充电机集成了车载充电和高压配电系统（即高压配电箱）。如图 4-2-9 所示，车载充电机相关的外部接口主要包括动力蓄电池直流母线接口、交流充电接口和车载充电机低压插接器接口，其总体结构主要由上端盖、上部密封垫、车载充电机主体、下部密封垫和下盖板等组成。

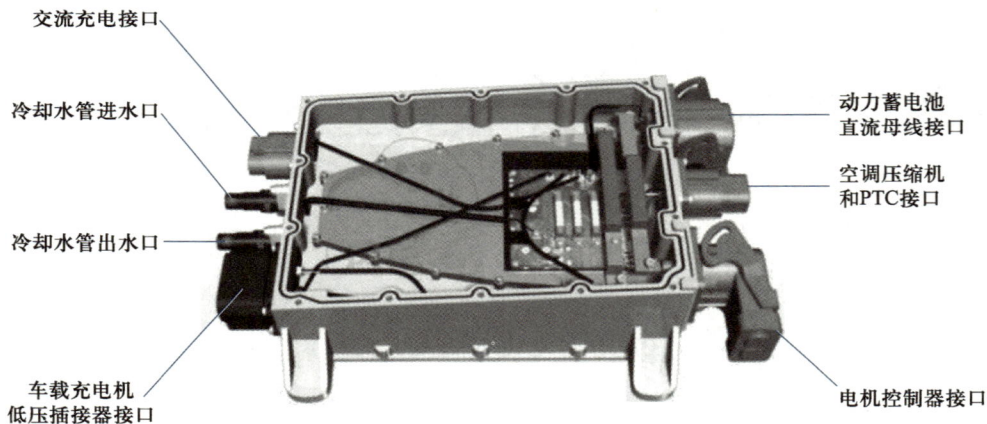

图 4-2-9　车载充电机外部接口

车载充电机内部可分为主电路、控制电路、线束及标准件三部分。吉利几何 A 汽车车载充电机内部结构如图 4-2-10 所示。

① 主电路：前端将交流电转换为恒定电压的直流电，主要是全桥电路+PFC 电路。后端为 DC-DC 转换器，将直流电转换到合适的电压及电流，给动力蓄电池充电。

② 控制电路：控制 MOS 管的开关，与电池管理系统之间通信，监测车载充电机状态，与充电桩握手等功能。

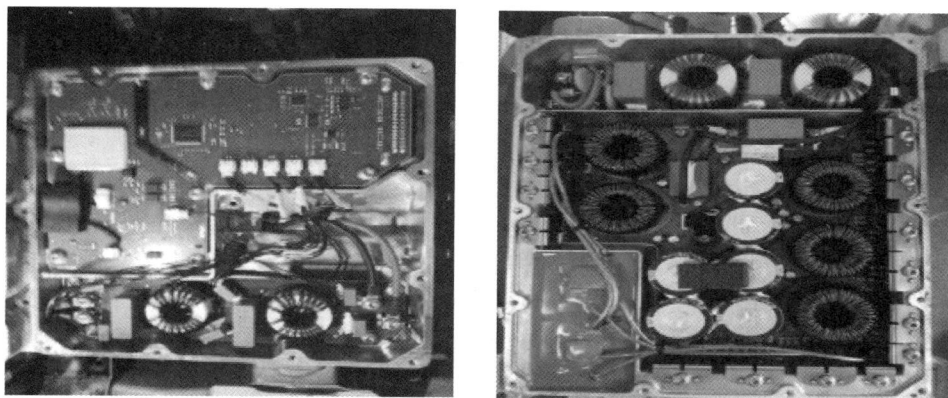

图 4-2-10　吉利几何 A 汽车车载充电机内部结构

③ 线束及标准件：用于主电路及控制电路的连接，固定元器件及电路板。另外，还有三个熔断器分别是电动压缩机回路、PTC 加热器回路、交流慢充回路 40 A 熔断器，如图 4-2-11 所示。

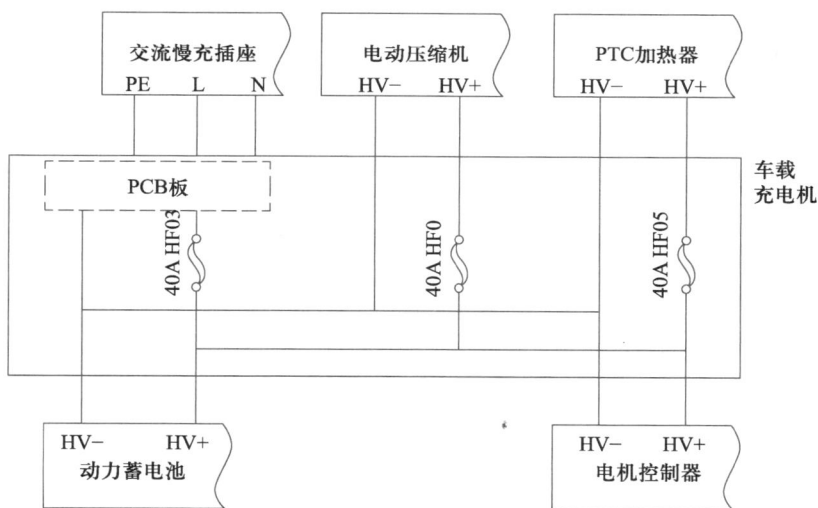

图 4-2-11　车载充电机电气原理图

（2）车载充电机的功能

① 具有为电动汽车动力蓄电池安全、自动充满电的能力。车载充电机依据电池管理系统提供的数据，能动态调节充电电流或电压参数，执行相应的动作，完成充电过程。

② 具备高速 CAN 网络与电池管理系统通信的功能，判断电池连接状态是否正确，获得电池系统参数及充电前和充电过程中整组和单体电池实时数据。

③ 可通过高速 CAN 网络与车辆监控系统通信，上传车载充电机的工作状态、工作参数和故障警示信息，接受启动充电或停止充电控制命令。

④ 完备的安全防护措施。

a. 交流输入过电压保护功能。

b. 交流输入欠电压警示功能。

c. 交流输入过电流保护功能。

d. 直流输出过电流保护功能。

e. 直流输出短路保护功能。

f. 输出软起动功能，防止电流冲击。

g. 在充电过程中，车载充电机能保证动力蓄电池的温度、充电电压和电流不超过允许值。

h. 具有单体电池电压限制功能，自动根据电池管理系统的电池信息动态调整充电电流。

i. 自动判断充电插接器、充电电缆是否正确连接。当车载充电机与充电桩和电池正确连接后，车载充电机才能允许启动充电过程；当车载充电机检测到与充电桩或电池连接不正常时，立即停止充电。

j. 充电联锁功能，保证车载充电机与电动汽车动力蓄电池连接分开以前，车辆不能起动。

k. 高压互锁功能，当有危害人身安全的高压时，模块锁定无输出。

l. 具有阻燃功能。

4. 充电锁

为防止车辆充电过程中充电枪丢失，车辆具有充电枪锁止功能。充电枪插入充电接口后，只要驾驶人按下智能钥匙闭锁按钮，充电枪防盗功能将开启，BCM收到智能钥匙的闭锁信号后通过 CAN 总线将该信号传递到车载充电机，车载充电机将控制充电枪锁止电机锁止充电枪，此时充电枪无法拔出。如果要拔出充电枪，需要先按下智能钥匙解锁按钮，解锁充电枪。注意：车辆处于充电状态时，若不主动结束充电，充电枪不能直接拔下。如果电动解锁失效，可通过机舱左前照灯附近的机械解锁拉索解锁。帝豪 EV450 充电锁如图 4-2-12 所示，智能钥匙解锁过程如图 4-2-13 所示。

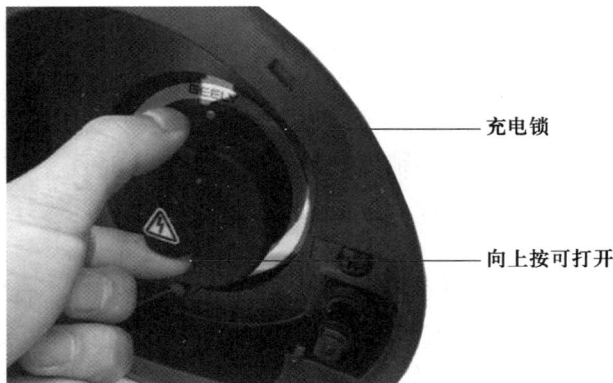

充电锁

向上按可打开

图 4-2-12　帝豪 EV450 充电锁

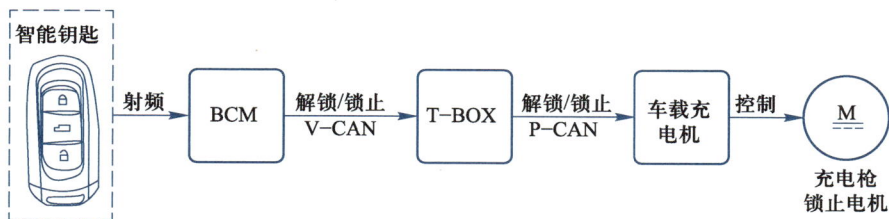

图 4-2-13　智能钥匙解锁过程

5. 充电指示灯

吉利几何 A 汽车充电指示灯位于车辆充电接口上方，用于指示不同的充电状态。任意电源挡位，当 BCM 接收到电池管理系统的充电状态信息时，驱动充电指示灯工作，显示充电状态，具体见表 4-2-2。

表 4-2-2　充电指示灯的动作及功能定义

指示灯颜色	动　作	功 能 定 义
—	熄灭	未充电
黄	常亮 2 min	充电准备（暂停）
黄	常亮 2 min	加热（预留）
绿	闪烁（1 Hz）	充电过程
蓝	常亮 2 min	预约充电
绿	常亮 2 min	充电完成
红	常亮 2 min	充电故障
蓝	闪烁（1 Hz）	放电过程（预留）

引导问题 2： 新能源汽车交流充电系统是如何工作的？其原理是什么？

二、交流充电系统的工作原理

1. 交流充电桩的工作原理

交流充电桩电气系统的结构如图 4-2-14 所示，主回路由输入保护断路器、交流智能电能表、交流控制接触器和充电接口组成，主要负责把输入端的电压传输至输出端。控制主电路元件由急停按钮、运行状态指示灯、充电桩智能控制器和人机交互设备组成，主要接收用户指令对输入的电压进行控制与安全保护。

2. 交流充电系统的工作原理

（1）车载充电机的转换原理

车载充电机转换电路由整流电路、调整控制及保护电路和功率因数校正网络组成，如图 4-2-15 所示。

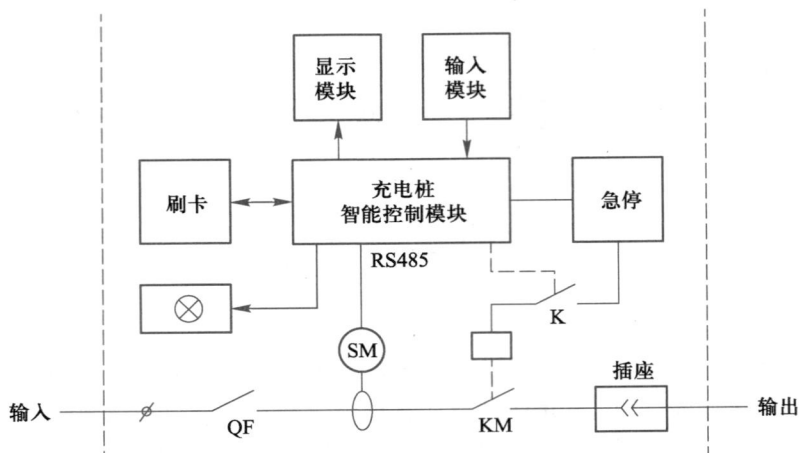

图 4-2-14　交流充电桩电气系统的结构

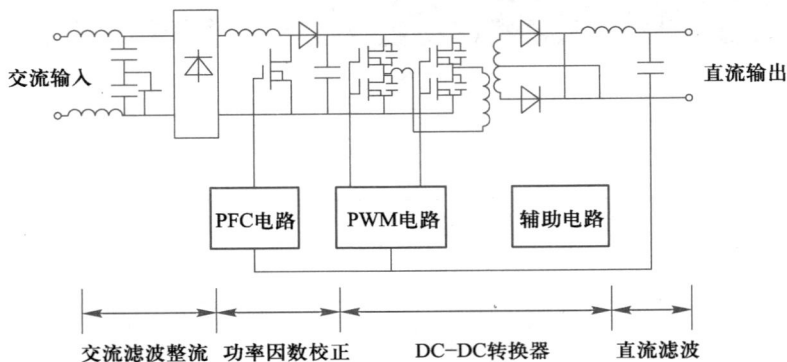

图 4-2-15　车载充电机转换电路图

① 整流电路。整流电路由交流滤波整流、DC-DC 转换（高频变换）器等元器件组成，其作用是从单相或三相交流电网获得交流电，并将其转换为符合要求的直流电。

② 调整控制及保护电路。调整控制及保护电路采用 PWM 电路，它包括输出采样、信号放大、控制调节、基准比较等单元，其作用是对输出电压进行检测和取样，并与基准定值进行比较，从而控制高频开关功率管的开关时间比例，以达到调节输出电压的目的。

③ 功率因数校正网络。功率因数校正网络是车载充电机的重要组成部件，其功能是通过控制过程，使输入电流波形跟踪正弦基波电流，且相位与输入电压相同，以保持输出电压稳定和功率因数接近于 1.0。

（2）交流充电系统充电原理

交流充电系统是纯电动汽车的核心，动力蓄电池的充电过程由电池管理系统进行控制及保护。车载充电机工作状态及指令均由电池管理系统发出的指令进行控制，包括工作模式指令、动力蓄电池允许最大电压、充电允许最大电流、加热状态电流值。交流充电系统结构原理图如图 4-2-16 所示。充电枪连接通过车载充电机反馈到整车控制器，再唤醒仪表显示连接状态（负触发）；车载充电机同时唤醒整车控制器和电池管理模块（正触发），整车控制器唤醒仪表启动显示充电状态（负触发）；正、负主继电器由整车控制器发出指令由电池管理模块控制闭合。

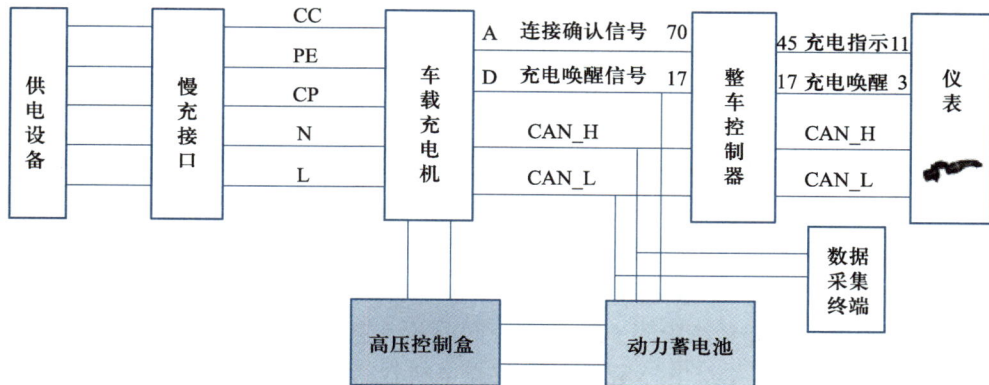

图 4-2-16　交流充电系统结构原理图

以交流充电系统充电模式 3 连接方式 B 为例，分析其充电过程原理。其控制导引电路原理示意图如图 4-2-17 所示。

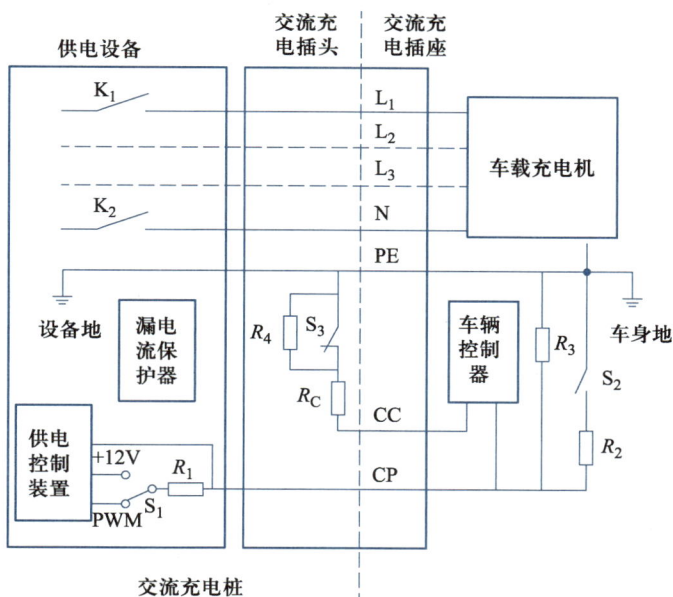

图 4-2-17　交流充电系统工作原理图

根据图 4-2-17，分析交流充电过程大致分为以下几个步骤：

① CC 充电连接确认。当充电插头与车身交流充电接口完全连接后，充电桩中供电控制装置通过检测点 4 检查到端子 CC 连接确认信号后，将 S_1 开关从 +12 V 档

切换至 PWM 信号档（脉冲宽度调制信号）。

② CP 控制确认。S_1 开关切换至 PWM 档后，供电控制装置同时进行 PWM 信号的发送和检测点 1 电压的测量，以此来确认充电电路连接情况；车辆控制装置凭借对检测点 2 上接收到的 PWM 信号的监测，来判断供电设备的供电能力，并完成充电装置完全连接的确认。

③ 车辆控制装置通过检测点 3 测量端子 CC 和端子 PE 之间的电阻值。电路中开关 S_3 为车辆插头的内部常闭开关，与插头上的机械锁止装置相关联，按下机械锁止开关，S_3 开关即断开。当插头与插座完全连接后，车辆控制装置通过测量检测点 3 与 PE 之间的阻值，确认完全连接，得到充电连接信号，完成了充电唤醒过程。

④ 系统确认充电装置完全连接后，供电控制装置通过测量检测点 1 的电压判断车辆是否准备就绪，当电压值达到规定值时，供电设备控制装置接通开关 K_1、K_2 分别为供电插头的 L、N 端子供电。

⑤ 动力电池管理系统检测充电需求，同时给车载充电机发送工作指令并控制车辆低压电路中的相关继电器吸合，车载充电机执行充电程序，同时点亮充电指示灯。

⑥ 在充电过程中，系统会周期性地检测相关检测点的电压值，确认供电电路的连接情况。车辆控制装置测量检测点 2 和检测点 3、供电控制装置测量检测点 1 和检测点 4 的电压。监测周期不大于 50 ms。另外，车辆控制装置持续地监测检测点 2 收到的 PWM 信号，当占空比信号发生变化时，调节车载充电机的输出功率，监测周期不大于 5 s。

⑦ 充电完成。当电池管理系统检测充电完成后，或达到车辆设置的充电完成条件，或驾驶人执行停止充电的指令时，车辆控制装置断开 S_2 开关，使车载充电机停止充电；供电控制装置将 S_1 开关切换至 +12 V 档。在检测到 S_2 开关断开的信号后，供电控制装置断开 K_1、K_2 供电回路。一般采用恒流-恒压充电方法，在不同温度范围内以恒定电流充电至动力电池组总电压达到或最高单体电压达到此温度条件下的规定电压值，以恒定电压充电至电流小于 0.8 A 后停止充电。充电温度通常为 0~55℃，此时以 10 A 的电流充电；当单体电池最高电压高于 3.6 V 时，降低充电电流到 5 A，当电芯电压达到 3.7 V 时，充电电流为 0 A，请求停止充电。

引导问题 3：新能源汽车交流充电系统常见的故障有哪些？如何进行检修？

三、交流充电系统故障与检修

1. 充电系统指示灯

以市场上某款主流纯电动汽车为例，其充电系统主要的指示灯如图 4-2-18 所示。

2. 车载充电机的常见故障与检修

车载充电机的故障信息将通过 CAN 总线报至总线上，通过 CAN 总线可以找出发生的故障信息。

车载充电机常见的故障如下。

序号	显示	名称	指示说明		
1		充电线连接指示灯	点亮表示充电线连接。信号来源是整车控制器给出的硬线信号，低有效		
2		充电提醒灯	电量过低时点亮，信号来自整车控制器的CAN信号		
3		剩余电量表	当前SOC范围	剩余电量表中LED点亮数目	
			SOC > 82%	5	
			82%≥SOC > 62%	4	
			62%≥SOC > 42%	3	
			42%≥SOC > 22%	2	
			22%≥SOC > 5%	1	
			SOC≤5%	0	

图 4-2-18　充电系统指示灯说明

（1）12 V 低压供电异常

当车载充电机 12 V 模块异常时，电池管理系统、仪表等由于没有唤醒信号唤醒，无法与车载充电机进行通信。

当 12 V 低压电池未供电时，最简单的判断方式就是交流上电的时候，电池没有发出继电器闭合的声音，一般都是 12 V 异常。需要检查低压熔丝盒内充电唤醒的熔丝及继电器，以及车载充电机端子是否出现退针的情况。

（2）车载充电机检测的电池电压不满足要求

电池电压不满足要求是指在充电过程中，电池管理系统可以正常工作，但车载充电机工作开始前需要检测动力蓄电池电压，当动力蓄电池电压在工作范围内，车载充电机可以正常工作，否则车载充电机认为动力蓄电池不满足充电的要求。此情况常见的为高压插件端子退针或高压熔丝熔断，或者电池电压超过工作范围。

（3）车载充电机检测与充电桩握手不正常

车载充电机工作过程中会检测与充电桩之间的握手信号，当判断到 CC 的开关断开，车载充电机认为将要拔掉充电枪，此时会停止工作，防止带电插拔，延长充电枪端子寿命。当充电枪未插到位，也可能出现此情况。图 4-2-19 所示为车载充电机显示的状态。

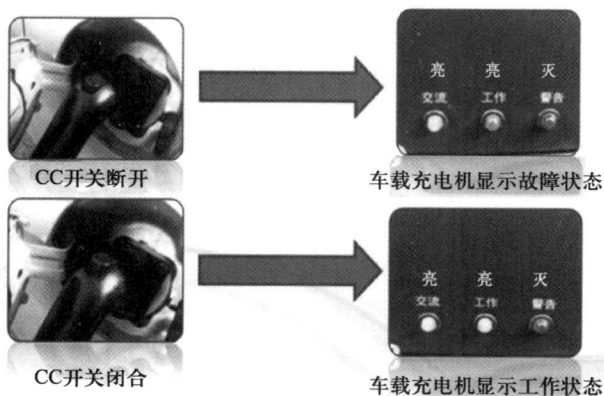

CC开关断开 → 车载充电机显示故障状态

CC开关闭合 → 车载充电机显示工作状态

图 4-2-19　车载充电机显示的状态

（4）充电桩输入电压正常，由于电源线不符合标准所引起的无法充电故障

车辆在低温环境下，充电桩开始时与车载充电机连接正常，由于车辆动力蓄电池低温下需将电芯加热至 0~5℃时，才能进行正常充电，加热过程时，负载较小，电压下降并不多，进入充电过程时，负载加大，输入电压下降，充电桩为车载充电机提供的电源电压低于 187 V 时，车载充电机无法正常工作，车载充电机停止工作后，负载减小，测量时电压又恢复正常，这种情况一定要在车载充电机进入充电过程时测量当时准确的电压，来找到故障原因。

另外，外接的充电电源接地线线路不良，也是造成新能源汽车无法充电的常见原因。

3. 交流充电系统的常见故障与检修

① 不能为动力蓄电池充电故障，警示灯闪亮。

故障现象：不能为动力蓄电池充电，警示灯闪亮。

故障判断：不能为动力蓄电池充电，充电电路有故障。

排除故障：测量输入电压是否在工作电压范围之间，检查充电桩与充电枪的连接是否正常，充电线是否过细，若直径小于 2.5 mm，更换充电桩及满足条件的充电线。

② 不能为动力蓄电池充电故障，充电指示灯不亮。

故障现象：连接充电枪，仪表上充电指示灯不亮。

故障判断：不能为动力蓄电池充电，电源没有正确连接、车载充电机损坏。

排除故障：检查充电桩供电是否正常，充电枪是否正常，CC 线是否存在 12 V 电压，如果都正常，则判断车载充电机损坏，更换车载充电机。

③ 不能为动力蓄电池充电故障，仪表上车载充电机过热警示灯亮。

故障现象：不能为动力蓄电池充电，警示灯闪亮，过热警示灯亮。

故障判断：不能为动力蓄电池充电，车载充电机存在温度过高的故障。

排除故障：检查车载充电机冷却系统是否正常，温度信号线是否正常。

④ 慢充时充电桩显示车辆未连接。

故障排除如下：

a. 检查车辆与充电桩两端充电枪是否反接。

b. 检查充电枪车端 CC 与 PE 是否存在 680/220 Ω 电阻。

c. 检查充电枪桩端 CC 与 PE 是否导通。

d. 检查车载充电机端 CC 与充电接口 CC 是否导通。

⑤ 慢充时充电桩显示车辆已连接，但车载充电机无输出电流。

故障排除如下：

a. 检查车端充电枪是否连接到位。

b. 检查高压熔丝是否熔断。

c. 检查高压插接器及线缆是否正确连接。

任务实训

实训一　吉利几何电动汽车交流充电系统认知与充电操作

1. 实训要求

本次实训任务主要学习新能源汽车交流充电系统的认知及充电操作。具体内容和要求包括以下两个方面：

① 完成交流充电系统的认知与更换。

② 完成纯电动汽车交流充电操作。

2. 实训准备

① 安全防护装备：工作服、绝缘安全鞋、护目镜、安全帽、绝缘手套等。

② 车辆、台架、总成：吉利几何电动汽车整车或台架，或其他纯电动车辆汽车或台架。

③ 专用工具、设备：绝缘拆装组合工具。

④ 手工工具：新能源汽车维修组合工具。

⑤ 辅助材料：高压维修警示牌和设备、绝缘地垫、干粉灭火器、清洁剂等。

⑥ 参考资料：吉利几何电动汽车维修手册、电路图册等。

3. 注意事项

① 禁止未参加过该车型高压系统知识培训的维修人员拆解高压系统（包括手动维修开关、动力蓄电池、驱动电机、电力电子箱、高压配电单元、高压线束、空调压缩机、交流充电接口和交流充电线、快速充电接口、电加热器、慢速充电器等）。

② 在开始维修作业前，维修人员必须穿戴好高压安全保护用具：戴好绝缘手套，穿好高压绝缘安全鞋。在戴绝缘手套前，必须要检查绝缘手套是否有破损，要确保绝缘手套无绝缘失效。

③ 当拆解或装配高压配件时，必须断开 12 V 电源，如果整车动力蓄电池上设有手动维修开关的，还必须断开维修开关。

4. 实施步骤

（1）车载充电机总成的拆装

下面介绍吉利几何电动汽车车载充电机总成的拆卸与安装步骤。

① 关闭点火开关，车辆静置 5 min 以上。

② 打开前机舱盖，拆卸前机舱装饰罩。

③ 断开蓄电池负极电缆。

④ 断开直流母线（充电机侧），如图 4-2-20 所示。

⊕ 视频

车载充电机的
拆卸

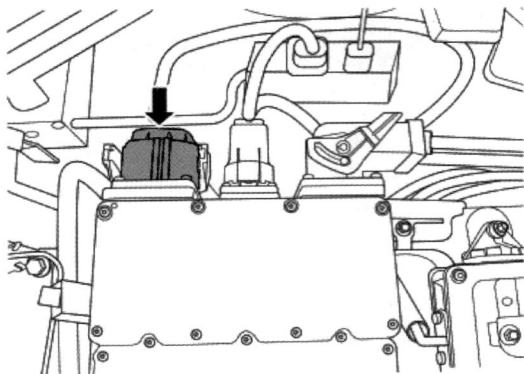

图 4-2-20　直流母线插头

⑤ 断开 PTC 线束总成插接器，如图 4-2-21 所示。

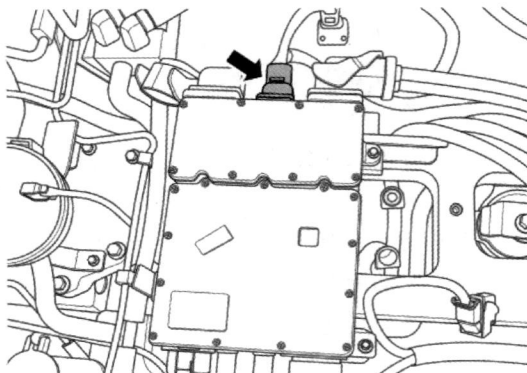

图 4-2-21　PTC 线束总成插接器

⑥ 断开电机控制器线束总成插接器，如图 4-2-22 所示。

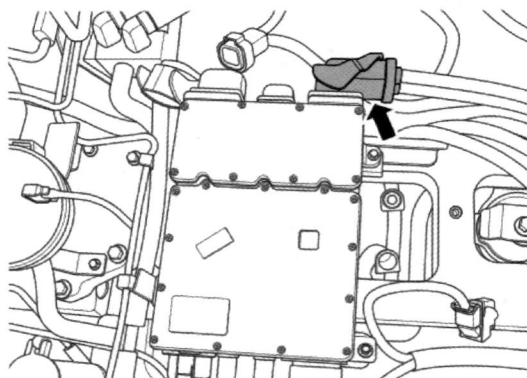

图 4-2-22　电机控制器线束总成插接器

⑦ 断开交流充电高压线束插接器，如图 4-2-23 所示。

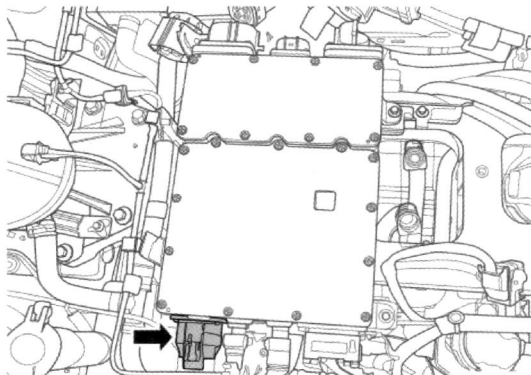

图 4-2-23　交流充电高压线束插接器

⑧ 断开车载充电机总成低压线束插接器，如图 4-2-24 所示。

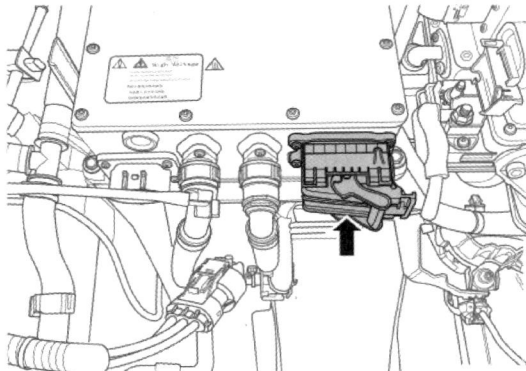

图 4-2-24　车载充电机总成低压线束插接器

⑨ 断开驱动电机散热器通气管插接器。

⑩ 断开车载充电机进、出水管，如图 4-2-25 所示。

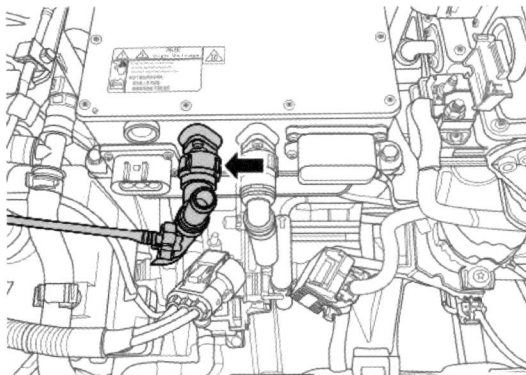

图 4-2-25　车载充电机进、出水管

注意：水管脱开前请在车辆底部放置容器，接住冷却液，以免污染地面。

⑪ 拆卸车载充电机低压线束搭铁线固定螺栓，如图 4-2-26 所示。

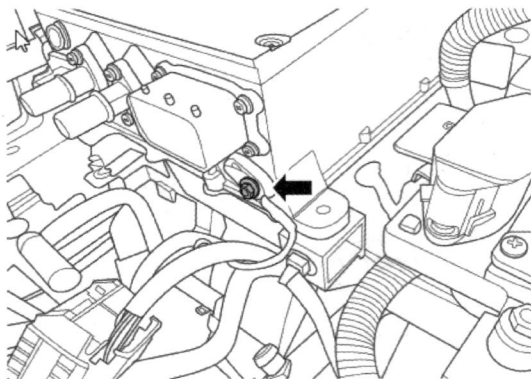

图 4-2-26   车载充电机低压线束搭铁线固定螺栓

⑫ 拆卸车载充电机总成的四颗固定螺栓，取下车载充电机总成，如图 4-2-27 所示。

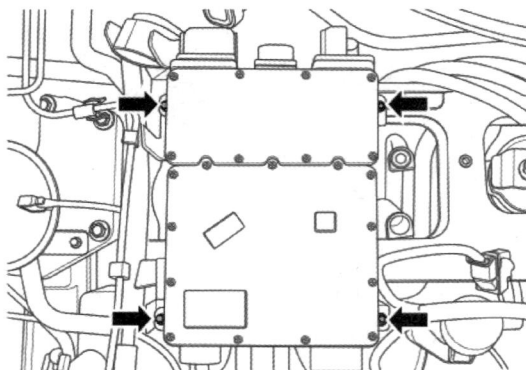

图 4-2-27   车载充电机总成固定螺栓

⑬ 安装车载充电机总成的顺序以相反的顺序进行即可。需要注意的是，安装车载充电机总成四颗固定螺栓需按 23 N·m 的力矩进行紧固，安装车载充电机总成低压线束搭铁线固定螺栓需按 9 N·m 的力矩进行紧固。

（2）纯电动汽车交流充电操作

下面以市场上某款壁挂式交流充电桩为例，介绍采用交流充电桩充电的操作方法。该设备为纯电动汽车提供交流充电电源，且具有电能计量和计费功能，通过刷卡的方式对充电用户收取费用，操作极其简便。它可以通过多种通信模式与监控主站交互信息，实现远程管理。其具体使用步骤如下。

① 默认界面：充电桩正常开机后，检测无故障，显示界面如图 4-2-28 所示，如果用户想充电，则直接插入充电枪。

视频

车载充电机总成的安装

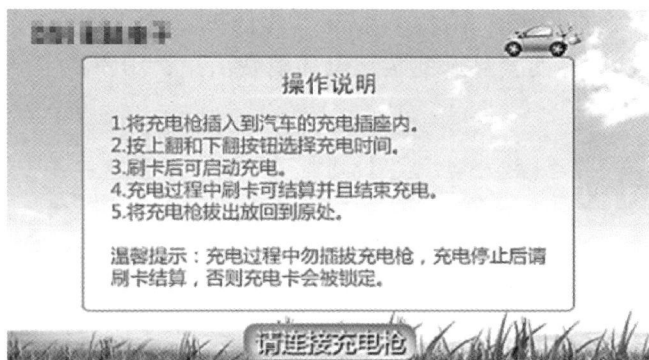

图 4-2-28　充电桩开机后显示界面

② 刷卡界面：充电桩检测到充电枪已连接后，蓝色连接灯点亮，显示屏界面如图 4-2-29 所示。在此界面，用户可单击"上翻"及"下翻"按钮，选择所需充电模式，刷卡直接启动充电。

图 4-2-29　选择充电模式

③ 充电界面：此时充电黄灯点亮，充电过程中会显示电压、电流及电量等充电信息，如图 4-2-30 所示。在此状态下，用户可通过刷卡结束充电。若充电已经停止，但用户并未进行刷卡结算，则充电桩切换到充电停止界面。

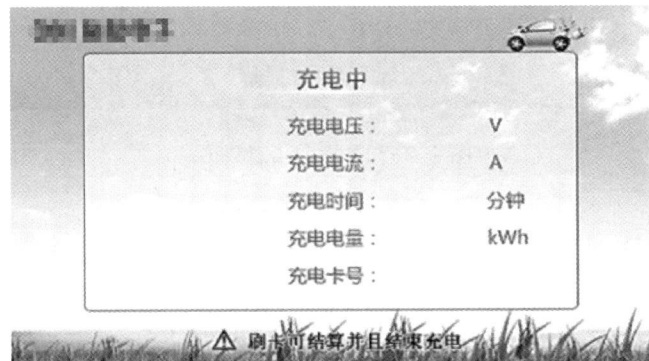

图 4-2-30　充电过程界面

④ 充电停止界面：如图 4-2-31 所示，在此界面时，充电已经停止，用户需要刷卡进行结算。此界面会显示此次充电的消费信息，用户刷卡结算后，切换到结算界面。

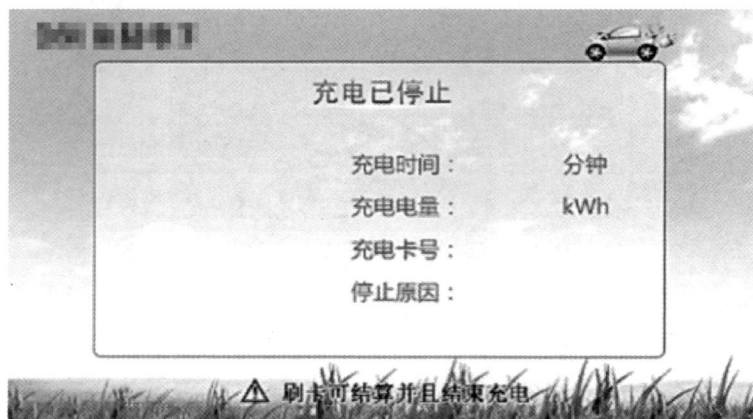

图 4-2-31　充电停止界面

⑤ 结算界面：结算界面显示用户此次的消费信息，包括充电电量、消费金额、卡内余额等信息，如图 4-2-32 所示。此界面显示约 30 s 后返回，用户也可通过单击确定或返回按钮直接返回到默认界面，此时可进行下一次充电。

图 4-2-32　消费信息界面

⑥ 故障界面：如果充电桩发生故障，则切换到故障界面，且红色指示灯点亮。故障界面会显示故障信息，如图 4-2-33 所示。

⑦ 维护界面：维护界面会显示充电桩的运行信息，此界面只针对维护人员开放，如图 4-2-34 所示。

图 4-2-33　故障信息界面

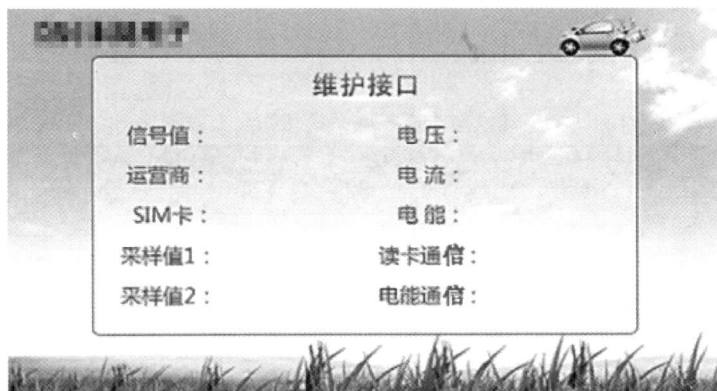

图 4-2-34　维护信息界面

5. 实训工单

任务二： 交流充电系统认知与检修	小组人员：	
班级：	学号：	指导教师签字：
日期：		
实训一　吉利几何电动汽车交流充电系统认知与充电操作		
车型：	年次：	SOC：
VIN：		

任务要求：
① 实车操作应低压可靠断电、禁止高压上电。
② 在操作过程中应注意严防触电、规范使用工量具。
③ 能完成交流充电系统主要部件的拆卸和装配。
④ 设备、工位隔离，禁止无关人员进入

续表

1. 工具、量具

2. 维修资料及辅助材料

3. 制订工作计划及人员分工

4. 工作现场安全准备、检查

作业：吉利几何电动汽车交流充电系统认知与充电操作

拆装步骤		拆装技术要求/注意事项		结果评价
拆	装	拆	装	
				正常□　损坏□
				正常□　损坏□
				正常□　损坏□
				正常□　损坏□
				正常□　损坏□
				正常□　损坏□
				正常□　损坏□
				正常□　损坏□
				正常□　损坏□
				正常□　损坏□
				正常□　损坏□
				正常□　损坏□
				正常□　损坏□
				正常□　损坏□
				正常□　损坏□

续表

交流充电操作步骤

1）车辆停放位置是否合理	是□　　否□
2）充电连接装置是否完好	是□　　否□
3）现场作业环境是否安全	是□　　否□
4）起动开关位置	ACC□　　ON□　　OFF□
5）挡位位置	R□　　N□　D□　　P□
6）查看交流充电接口位置，钥匙解锁并打开充电接口	正常弹开□ 无法弹开□
7）检查充电接口外观	外观正常□ 存在异物□
8）连接充电桩电源端	连接紧固□ 连接松动□
9）连接充电枪	连接紧固□ 连接松动□
10）刷卡/扫码/无须操作	已执行□　未执行□
11）电子锁电动机（锁定声音）	已落锁□　未落锁□
12）充电桩指示灯	电源□　　连接□ 充电□　　故障□
13）仪表充电电压	（　　　　）V
14）仪表充电电流	（　　　　）A
15）仪表充电连接指示灯	点亮□　　熄灭□
16）仪表充电状态指示灯	点亮□　　熄灭□
17）仪表故障信息	无□　　有□
18）刷卡/扫码/解锁，停止充电	已执行□　未执行□
19）复位充电枪	已执行□　未执行□
20）关闭充电接口盖板，清理场地	已执行□　未执行□

5. 是否进行零部件基本检查及清洁

续表

6. 总结本次任务重点

7. 本次任务存在的问题及解决方法

实训二　吉利几何 A 汽车交流充电系统故障诊断与维修

1. 实训要求

本次实训任务主要学习新能源汽车低压电源系统故障诊断与维修。具体内容和要求主要包括以下两个方面：

① 完成交流充电系统的检测与维修。

② 完成交流充电系统的故障诊断。

2. 实训准备

① 安全防护装备：工作服、绝缘安全鞋、护目镜、安全帽、绝缘手套等。

② 车辆、台架、总成：吉利几何 A 纯电动汽车整车或台架，或其他纯电动汽车整车或台架。

③ 专用工具、设备：绝缘拆装组合工具。

④ 手工工具：新能源汽车维修组合工具。

⑤ 辅助材料：高压维修警示牌和设备、绝缘地垫、干粉灭火器、清洁剂等。

⑥ 参考资料：几何 A 纯电动汽车维修手册、电路图册等。

3. 注意事项

① 禁止未参加过该车型高压系统知识培训的维修人员拆解高压系统（包括手动维修开关、动力蓄电池、驱动电机、电力电子箱、高压配电单元、高压线束、空调压缩机、交流充电接口和交流充电线、快速充电接口、电加热器、慢速充电器等）。

② 在开始维修作业前，维修人员必须穿戴好高压安全保护用具：戴好绝缘手套，穿好高压绝缘安全鞋。在戴绝缘手套前，必须要检查绝缘手套是否有破损，要确保绝缘手套无绝缘失效。

③ 当拆解或装配高压配件时，必须断开 12 V 电源，如果整车动力蓄电池上设有手动维修开关的，还必须断开维修开关。

4. 实施步骤

（1）故障码说明

如交流充电系统（车载充电机）发生故障，利用故障诊断仪读取控制单元储存的 DTC（故障码），会读取到"P1A8403 CP 在车载充电机的内部测试点占空比异常""U300616 控制器供电电压低"及"U007300 CAN 总线关闭"等系列故障码，见表 4-2-3。

表 4-2-3　DC-DC 转换器故障码说明表

故　障　码	说　　　明
P1A8403	CP 在车载充电机的内部测试点占空比异常
P1A841C	CP 电压异常
P1A8538	CP 在车载充电机的内部测试点频率异常
U300616	控制器供电电压低
U300617	控制器供电电压高
P1A8811	充电机输出短路故障
U007300	CAN 总线关闭
U011287	与高压电池控制器通信丢失
P1A8019	直流输出电流过高
P1A8017	OBC 关闭由于输入电压过高
P1A8016	OBC 关闭由于输入电压过低
P1A8617	输出电压过高关机
P1A8616	输出电压过低关机
P1A8698	温度过高关机
P1A8719	输入过载
P1A8806	自检故障
P1A8998	热敏电阻失效故障
P1A8A98	PFC 模块故障
P1A8B98	DC-DC 转换器模块故障
P1A8A19	放电过功率保护
P1A881C	充电连接故障
P1A8898	交流插座过温关机

（2）电路简图

吉利几何 A 汽车交流充电系统（车载充电机）的电路简图如图 4-2-35 所示。

（3）诊断步骤

① 判断故障现象。

a. 记录车辆基本信息，VIN，品牌、型号等。

b. 检查蓄电池电压，电压为 12.23 V，正常，如图 4-2-36 所示。

c. 检查高压部件及插接器的连接情况，连接正常。

d. 连接充电枪，查看故障现象。

车载充电机

	L	PE	N	CC	CP	LED_R	LED_G	LED_B	LOCKING_SEN
1	BV27	2 BV27	3 BV27	39 BV10	50 BV10	41 BV10	47 BV10	49 BV10	30 BV10

R/L　R/B　W/V　Y/W　Br/G　Gr/W

23 BV01a	40 BV01a	31 BV01a	32 BV01a	28 BV01a	37 BV01a
23 CA58a	40 CA58a	31 CA58a	32 CA58a	28 CA58a	37 CA58a

R/L　R/B　W/V　Y/W　Br/G　Gr/W

28 CA84f	31 CA84f	18 CA84f	24 CA84f	25 CA84f	14 CA84f
28 CA85f	31 CA85f	18 CA85f	24 CA85f	25 CA85f	14 CA85f

R/L　R/B　W/V　Y/W　Br/G　Gr/W

8 CA62	9 CA62	2 CA62	3 CA62	4 CA62	5 CA65
8 BV25	9 BV25	2 BV25	3 BV25	4 BV25	5 BV24

Br　L　G　Y　W　L

1 BV24	5 BV24	4 BV24	6 BV24	7 BV24				
L	PE	N	CC	CP	LED_R	LED_G	LED_B	LOCKING_SEN

交流充电插座

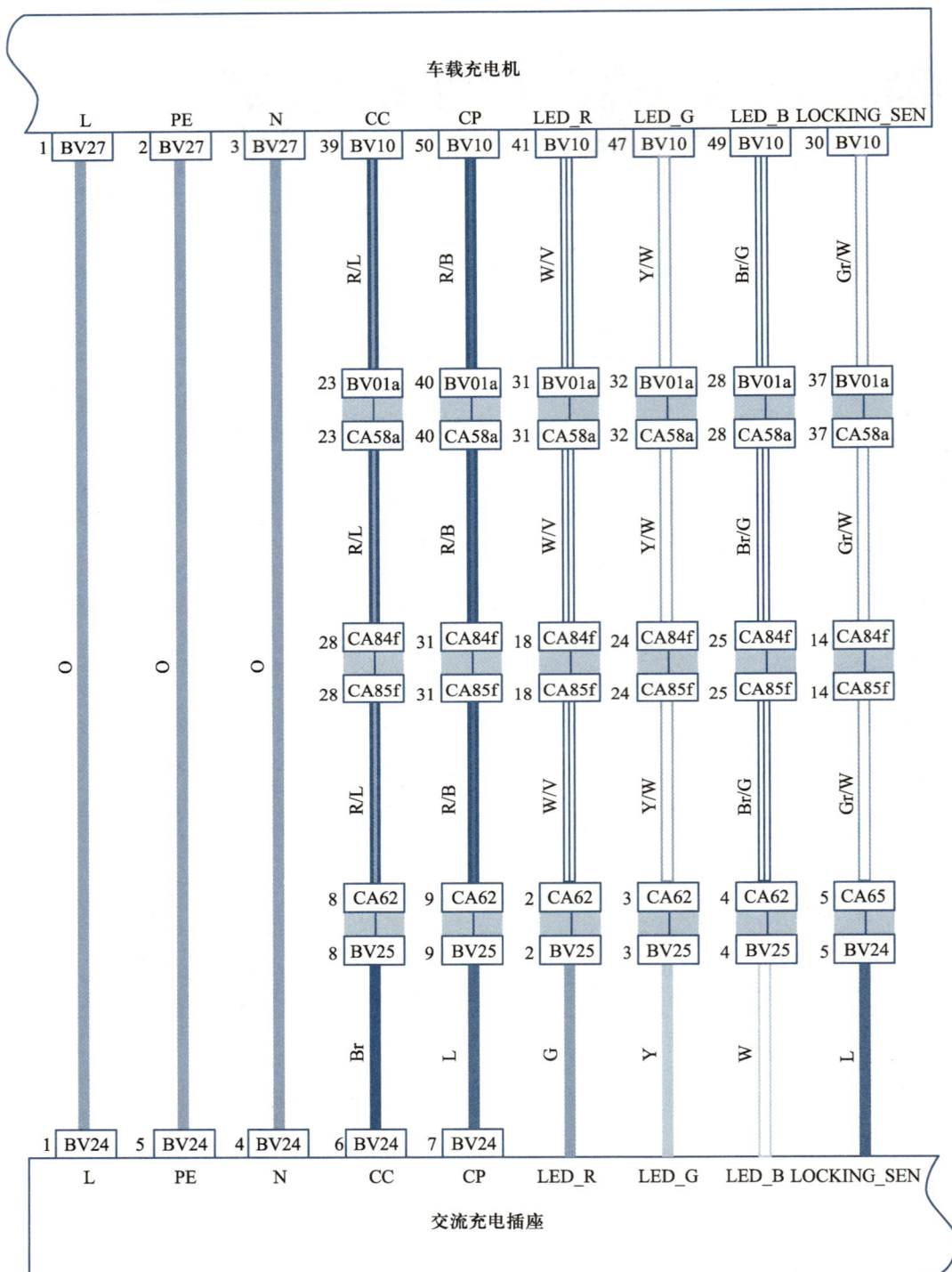

图 4-2-35　吉利几何 A 汽车交流充电系统（车载充电机）的电路简图

图 4-2-36　检查蓄电池电压

e. 故障现象初步判定。

f. 打开点火开关，仪表正常显示；关闭点火开关，连接慢充充电枪，仪表"充电线连接指示灯"不亮，无法交流充电，仪表显示如图 4-2-37 所示。

图 4-2-37　仪表显示

② 分析故障范围。

a. 连接故障诊断仪。

b. 读取"充电控制器"故障码并记录。

c. 读取"充电控制器"数据流，并记录与本故障相关的数据流。

d. 根据以上数据分析得出，引起此故障的可能原因：充电线 CC 信号故障、充电插座本体 CC 信号故障、车载充电机供电故障。

③ 执行诊断步骤。

a. 关闭点火开关。

b. 放置高压作业维修标志。

c. 断开蓄电池负极电缆，并做好防护。

d. 断开分线盒高压直流母线插头，并做好防护。

e. 断开高压母线 5 min 后，使用万用表测量整车高压回路，测量电压值为 0.1 V，正常为小于 1 V，数据正常，说明高压回路已断开，如图 4-2-38 所示。

f. 连接蓄电池负极。

g. 测量交流充电插座 BV24/6（CC 线）对地的电压。

h. 关闭点火开关，实际测量为 0.974 V，正常为 10 V 左右，数值异常，说明 CC 信号故障，如图 4-2-39 所示。

i. 测量车载充电机端 BV10/39（CC 线）对地的电压。

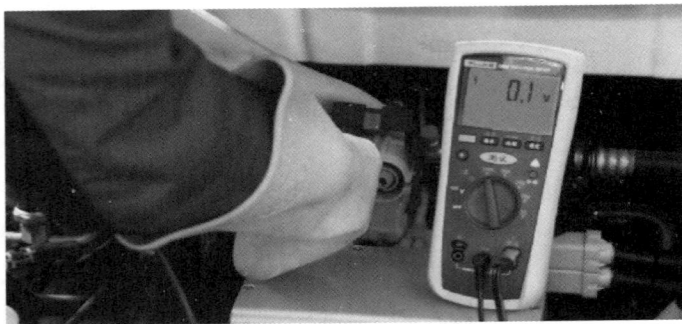

图 4-2-38 高压回路断电检测

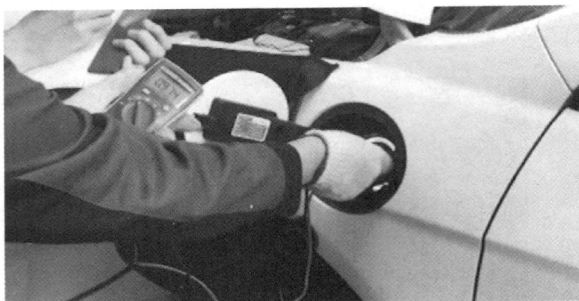

图 4-2-39 检测充电插座 CC 电路

j. 关闭点火开关，实际测量值为 10.11 V，正常为 10 V 左右，数值正常，说明车载充电机供电无异常。

k. 测量中转插头 BV01a/23（CC 线）到车载充电机 BV10/39 之间的电阻。

l. 关闭点火开关，实际测量为 36.58 kΩ，正常为 0 Ω 左右，数值异常，说明 BV01a/23 到 BV10/39 之间的电路断路，如图 4-2-40 所示。

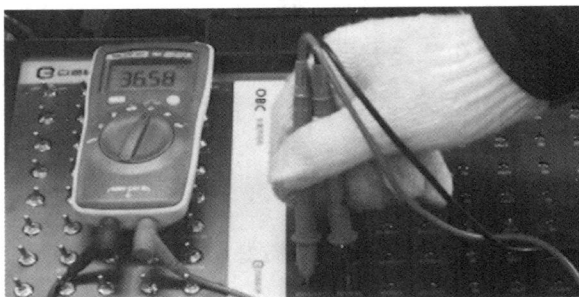

图 4-2-40 检测 BV01a/23 到 BV10/39 之间的电路阻值

m. 测量中转插头 BV01a/23 到交流充电插座 BV24/6 之间的电阻。

n. 关闭点火开关，实际测量为 0 Ω，正常为 0 Ω 左右，数值正常，说明 BV01a/23 到 BV24/6 之间的电路无异常，如图 4-2-41 所示。

o. 确定故障点为 BV01a/23 到 BV10/39 之间的电路断路。

p. 故障机理：其故障导致交流充电插座 CC 信号传不到车载充电机，充电连接失败，连接充电枪充电时，"充电连接指示灯"不亮，导致慢充不能充电。

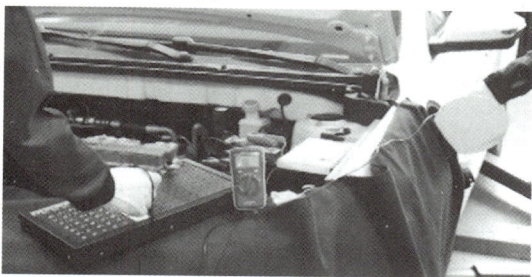

图 4-2-41　检测 BV01a/23 到 BV24/6 之间的电路阻值

④ 修复故障。断开蓄电池负极电缆，并做好防护；修复故障。

⑤ 验证故障。

a. 连接蓄电池负极电缆。

b. 测量交流充电插座 BV24/6（CC 线）对地的电压。

c. 关闭点火开关，测量为 10 V，数值正常，如图 4-2-42 所示。

图 4-2-42　检测电路电压

连接充电枪；仪表"充电线连接指示灯"点亮，交流充电正常，仪表显示如图 4-2-43 所示。

图 4-2-43　仪表显示

　　⑥ 整理现场。拆除车辆内外防护用品，升起驾驶人侧车窗，清洁和恢复工具、仪器，清洁和恢复工作环境。

5. 实训工单

任务二： 交流充电系统认知与检修	小组人员：	
班级：	学号：	指导教师签字：
日期：		

实训二　吉利几何 A 汽车交流充电系统故障诊断与维修

车型：	年次：	SOC：

VIN：

任务要求：
① 实车操作应低压可靠断电、禁止高压上电。
② 在操作过程中应注意严防触电、规范使用工量具。
③ 能完成交流充电系统主要部件的拆卸和装配。
④ 设备、工位隔离，禁止无关人员进入

1. 工具、量具

2. 维修资料及辅助材料

3. 制订工作计划及人员分工

4. 工作现场安全准备、检查

作业：吉利几何 A 汽车交流充电系统故障诊断与维修

故障现象确认	

续表

部件/电路范围	结 果 评 价	
部件/电路检测	正常☐	不正常☐
	正常☐	不正常☐
	正常☐	不正常☐
	正常☐	不正常☐
	正常☐	不正常☐
	正常☐	不正常☐
	正常☐	不正常☐
	正常☐	不正常☐
故障点确认		

5. 是否进行零部件基本检查及清洁

6. 总结本次任务重点

7. 本次任务存在的问题及解决方法

知识拓展

电动汽车换电模式

电动汽车换电模式是指通过集中型充电站对大量电池集中储存、集中充电、统一配送，并在电池配送站内对电动汽车进行电池更换服务或者集电池的充电、物流调配及换电服务于一体，其运行结构如图4-2-44所示。

能源供给是电动汽车产业链中的重要环节，能源供给模式与电动汽车的发展密切相关。当前，电动汽车的能源供给可分为插充和换电两种模式，其中插充可分为慢充和快充。在插充模式下，制约电动汽车发展的电池问题尤为突出：一方面购买电池的初期投资成本太大，一般占到电动汽车整体费用的一半以上，昂贵的电池成本在很大程度上阻碍了电动汽车的推广；另一方面充电时间太长，慢充一般要4~5 h，即使快充也需要0.5 h，与当前传统能源汽车的加油或者加气相比，其获取能源的便捷性远不能满足人们的需要。同时，快充对电池有较大的损伤，会造成电池寿命急剧衰减，因此也实际上进一步增加了电动汽车的电池成本。

图 4-2-44　换电模式的网络运行结构

此外，在插充模式下，电动汽车充电负荷具有显著的时空随机性，对电网的运行和规划会带来不利的影响。

另一方面，基于电池租赁的换电模式配合大规模集中型充电已经成为当前电动汽车发展具有竞争力的商业技术模式。首先，由于采用电池租赁的方式，由电网公司承担电池的初期投资成本，可显著降低用户的初始购车费用；其次，对电池进行集中充电可采取慢充方式，避免快充而引起的电池寿命缩短问题；再次，一般可在几分钟内完成换电过程，即使与传统能源汽车相比，其便捷性也毫不逊色；最后，对电池进行集中充电管理可避免大规模电动汽车随机充电对电网运行带来的不利影响，甚至可以根据电网需要，在统一管理的框架下进行电池充电的优化运行，此外还可避免绿色能源损失，减少可再生能源发电成本。

因此，虽然换电模式存在着电池标准统一等问题，但是这并不妨碍其成为未来电动汽车可能的重要发展模式之一。

任务练习

一、选择题

1. 车载充电机常见的故障有（　　　）。

A. 12 V 低压供电异常

B. 车载充电机检测的电池电压不满足要求

C. 车载充电机检测与充电桩握手不正常

D. 动力蓄电池线路故障

2. 新能源汽车充电系统的主要组成部分是（　　　）。

A. 充电桩、车载充电机　　　　　　　　　B. 充电桩、DC-DC 转换器

C. 车载充电机、DC-DC 转换器　　　　　D. DC-DC 转换器、高压共轨

3. 不属于充电时注意事项的是（　　　）。

A. 不要使用损坏的充电电缆

B. 充电期间不允许进行自动洗车

C. 充电时尽量不要使用空调系统

D. 充电结束后首先拔出车上的充电插头，然后再拔出墙上的充电插头

4. 关于慢充插头，说法有误的是（　　　）。

A. CC 端为充电连接确认

B. PE 为保护地线

C. L 为中线

D. CP 为充电控制引导

5. 不属于拆装充电接口准备工作的是（　　　）。

A. 关闭点火开关

B. 拆卸轮胎

C. 蓄电池断电

D. 拆卸前保险杠总成

二、判断题

1. 纯电动汽车充电系统的低压部分主要用于低压供电及控制信号。（　　　）

2. 作为纯电动汽车的核心，动力蓄电池的充电过程由电池管理系统进行控制及保护。（　　　）

3. 在慢充模式下，充电系统主要由供电设备（充电桩）、快充接口、车载充电机、高压控制盒、动力蓄电池、整车控制器、高压线束和低压控制线束等组成。（　　　）

4. 车载充电机故障信息将通过 CAN 总线报至总线上，通过 CAN 总线可以找出发生的故障信息。（　　　）

三、简答题

1. 简述新能源汽车交流充电系统的结构。

2. 简述车载充电机的结构、功能及特点。

3. 简述新能源汽车交流充电系统常见的故障及检修方法。

任务三　直流充电系统认知与检修

任务目标

- **知识目标**

1. 掌握新能源汽车直流充电系统的结构；

2. 掌握新能源汽车直流充电系统的功能与原理；

3. 掌握新能源汽车直流充电系统的故障诊断与维修。

- **能力目标**

1. 能够进行新能源汽车直流充电系统的认知与更换；

2. 能够进行新能源汽车直流充电操作；

3. 能够对直流充电系统的故障进行检测、分析、诊断与排除。

● **素养目标**

1. 培养互相交流、沟通以及阅读资料、自主学习的能力；
2. 培养认真负责的工作态度和一丝不苟的工作作风；
3. 培养爱岗敬业、团结协作、勇于创新的精神，增强安全意识。

任务导入

任务情境： 一辆 2021 款吉利几何 A 纯电动汽车，行驶里程 15 万 km。用户反映该车在进行直流充电时，当插上直流充电枪后，仪表显示充电界面但无充电功率，并且充电连接指示灯不亮，车辆无法进行直流充电。

任务分析： 根据车辆故障现象，维修人员初步分析，是由于直流充电系统出现故障导致的。直流充电系统故障主要包含充电桩故障、充电枪故障、车辆充电线路和部件故障。在维修该故障前，需了解、熟悉直流充电系统的结构与工作原理，在此基础上，才能按照思路进行诊断与排除故障。

知识准备

引导问题 1： 新能源汽车直流充电系统由哪些结构组成？

一、新能源汽车直流充电系统的结构

直流快速充电系统一般使用工业 380 V 的三相四线电，通过直流充电桩，经功率变换后，直接将高压大电流通过母线给动力蓄电池进行快速充电，实现动力蓄电池高效、安全地电量补给。电动汽车快速充电系统主要由电源设备（直流充电桩）、直流快充接口、高压配电盒、动力蓄电池、整车控制器、高压线束和低压控制线束等组成，如图 4-3-1 所示。

直流充电系统，由直流充电桩完成交直流变换，充电功率较大，从几十千瓦到几百千瓦，充电时间可从 10 min（直流快充）~6 h（直流普通充电）不等，在当前电池技术性能下，直流快充可作为电动汽车充电的应急补充。

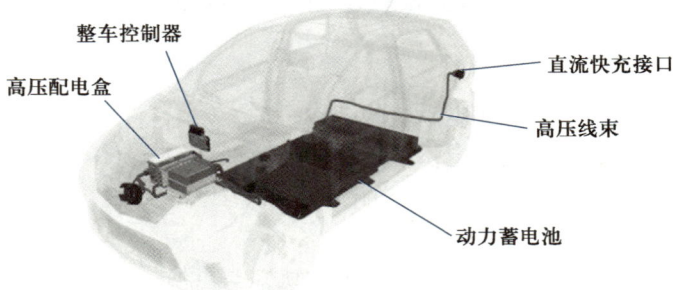

图 4-3-1　直流充电系统的组成

1. 直流充电桩

直流充电桩是指固定安装在电动汽车外，与交流电网连接，将电网的交流电转换成直流电，可以为电动汽车提供直流电源的装置。直流充电桩采用三相四线 AC 380 V（±15%）、频率为 50 Hz、输出可调的直流电，可以不经过车载充电器，直接为电动汽车的动力蓄电池充电。由于直流充电桩采用三相四线制供电，可以提供足够的功率，输出的电压和电流调整范围大，能够实现快充的要求。

如图 4-3-2 和图 4-3-3 所示，直流充电桩由以下部件组成。

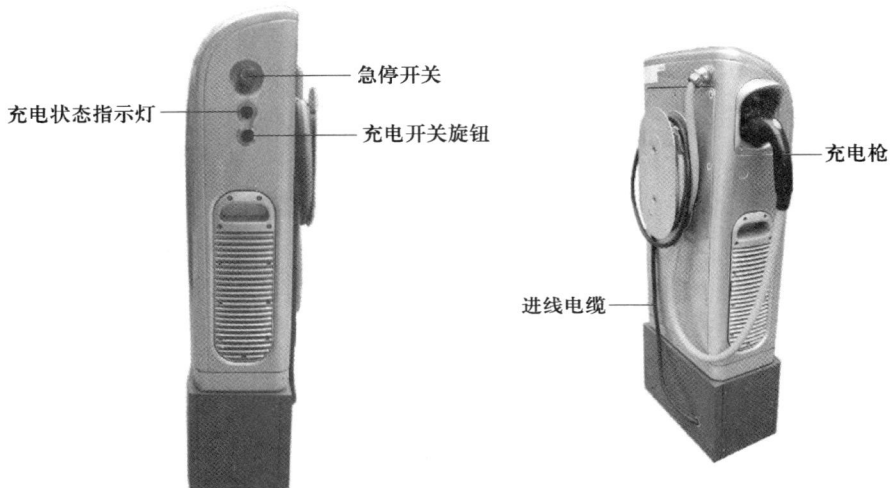

图 4-3-2　直流充电桩的外部结构

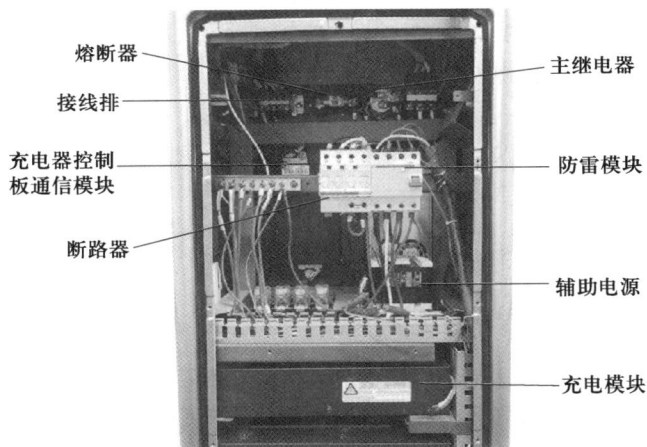

图 4-3-3　直流充电桩的内部结构

① 急停开关：当发生紧急情况时，快速按下此按钮切断电路，起到保护的作用。

　　② 充电状态指示灯：起提示作用，一般有三种状态，黄灯表示待机，绿灯表示正在充电，红灯表示故障。

　　③ 充电开关旋钮：用于控制充电的启动与停止。

　　④ 充电枪：充电桩连接车辆的插接器。

　　⑤ 进线电缆：用于连接电网的电缆。

　　⑥ 熔断器：指当充电桩工作中电流超过规定值时，用本身产生的热量使熔体熔断，断开电路，起到保护的作用。

　　⑦ 主继电器：控制充电电路的闭合与断开。

　　⑧ 充电器控制板通信模块：充电桩主要控制及通信单元。

　　⑨ 断路器：高压交流输入的第一级开关，可以切断和接通负荷电路，起到安全保护的作用。

　　⑩ 防雷模块：放出因雷击或者其他原因产生的过量电能，避免损坏设备。

　　⑪ 辅助电源：为主控器及电池管理系统提供电源。

　　⑫ 充电模块：实际给车辆提供充电电流和充电电压。

2. 直流充电接口

　　直流充电桩将高压直流电通过直流充电接口给动力蓄电池进行快速充电，图 4-3-4 所示为车辆直流充电接口的结构，该接口共有九个端子。

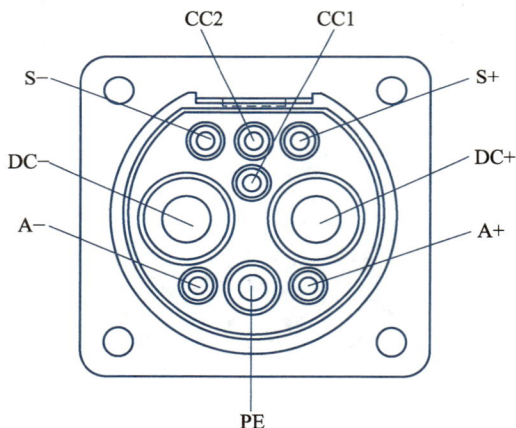

图 4-3-4　车辆直流充电接口的结构

　　直流充电接口端子功能定义见表 4-3-1。

表 4-3-1　直流充电接口端子功能定义

触电编号/功能	功 能 定 义
1/直流电源(DC+)	连接直流电源正与电池正极
2/直流电源(DC-)	连接直流电源正与电池负极
3/保护接地(PE)	连接供电设备地线与车辆车身接地

续表

触电编号/功能	功能定义
4/充电通信 CAN_H(S+)	连接直流充电桩与电动汽车的通信线
5/充电通信 CAN_H(S−)	连接直流充电桩与电动汽车的通信线
6/控制确认（CC1）	充电连接确认 1
7/控制确认（CC2）	充电连接确认 2（通信屏蔽线）
8/低压辅助电源正（A+）	连接直流充电桩与电动汽车提供低压辅助电源正
9/低压辅助电源负（A−）	连接直流充电桩与电动汽车提供低压辅助电源负

引导问题 2：新能源汽车直流充电系统是如何工作的？其原理是什么？

二、新能源汽车直流充电系统的工作原理

由于电网中的 380 V 交流电无法对动力蓄电池直接输入，所以在直流充电的过程中输入电动汽车的高压直流电需要经过直流充电桩的转换整流。直流充电桩由输入整流装置、直流输入控制装置、直流输出控制装置和直流充电管理装置组成，其系统框图如图 4-3-5 所示。

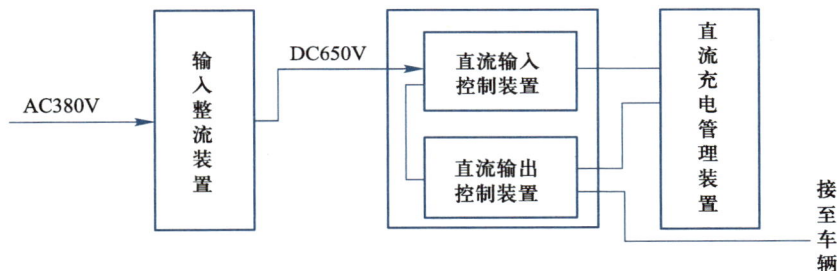

图 4-3-5　直流充电桩系统框图

1. 直流充电桩的工作原理

直流充电桩电气原理图如图 4-3-6 所示，三相 380 V 交流电经过 EMC 等防雷模块后进入三相四线制电表中，三相四线制电表监控整个直流充电桩工作时的实际充电电量。直流充电桩主板接收用户实际充电要求控制继电器吸合接触器，直流充电桩输出经过充电枪直接给动力蓄电池充电。同时，在显示模块上面显示车辆充电信息提醒用户，若出现紧急情况，则可通过急停按钮紧急切断充电电路，进行保护。而辅助电源的主要作用是在直流充电桩工作时，给主控单元、显示模块、保护控制单元、信号采集单元及刷卡模块等控制系统进行供电。另外，在动力蓄电池充电过程中，辅助电源给电池管理系统供电，由电池管理系统实时监控动力蓄电池的状态。

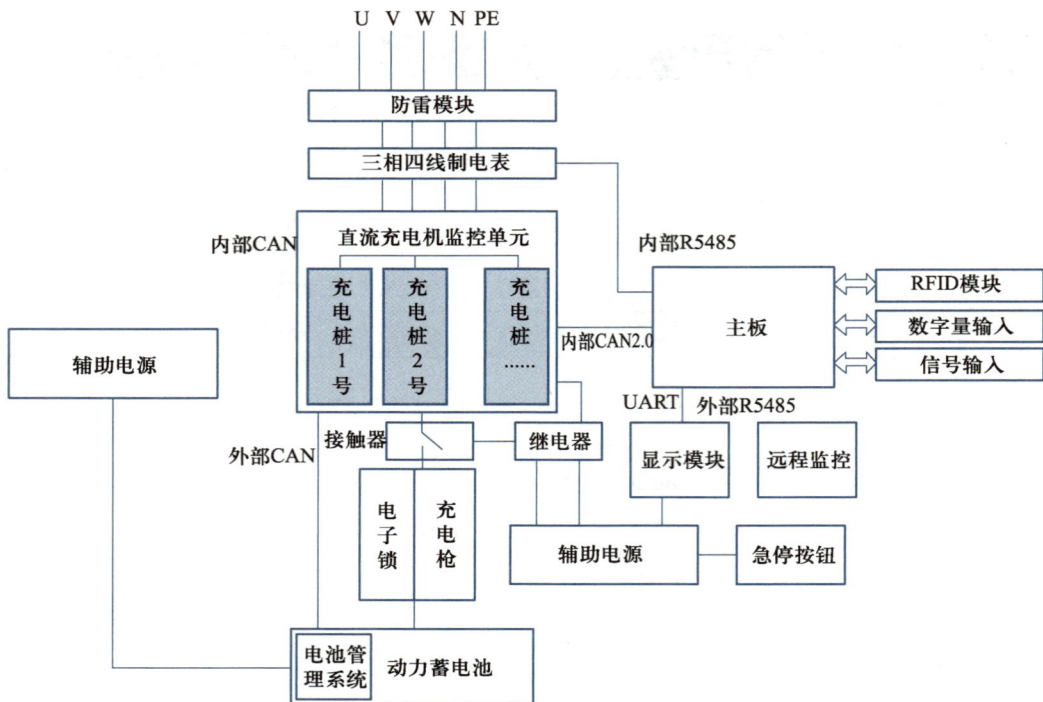

图 4-3-6　直流充电桩电气原理图

2. 直流充电系统的工作原理

当直流充电设备接口连接到整车直流充电接口，直流充电设备发送充电唤醒信号给电池管理系统，电池管理系统根据动力蓄电池的可充电功率，向直流充电设备发送充电电流指令。同时，电池管理系统吸合系统高压正极继电器和高压负极继电器，动力蓄电池开始充电。图 4-3-7 所示为直流充电系统控制导引电路原理图。

从图 4-3-7 中可以看到，以车辆接口处划分，左侧为直流充电桩及插头，右侧为车辆及直流充电接口。充电桩中开关 S 为常闭开关，与直流充电插头上的机械锁相关联，按下机械锁，开关 S 就打开。电阻 $R_1 \sim R_5$ 分别连接于 CC1、CC2 这两条连接确认检测电路中，其阻值约为 1 kΩ；U_1、U_2 分别为直流充电桩和车辆控制装置中提供的参考电压，电压值为 12 V。

直流充电系统的工作过程可分为以下几个阶段：

① 准备阶段：将直流充电插头与汽车充电接口连接后，U_1 通过电阻 R_1、R_4、端子 CC1 与车身接地形成回路，U_2 通过电阻 R_5、R_3、端子 CC2 与直流充电桩设备接地形成回路，分别完成工作电路的连接。直流充电系统中的直流充电桩控制装置监测到检测点 1 的电压值达到 4 V 时，则确认充电线路完全连接。

② 自检阶段：充电系统完成连接后，直流充电桩闭合开关 K_3、K_4，低压辅助供电回路导通，12 V 低压电则通过 A+、A- 端子与车辆形成通路。车辆控制装置通

过监测检测点 2 的电压值，当电压达到 6 V 时，车辆控制装置与直流充电桩之间通过 S+、S− 这两个通信连接线发送通信信号，确认充电准备完成，同时控制开关 K_1、K_2 闭合，进行绝缘测试，保证充电过程的安全进行。绝缘测试完成后，开关 K_1、K_2 断开，自检阶段完成。

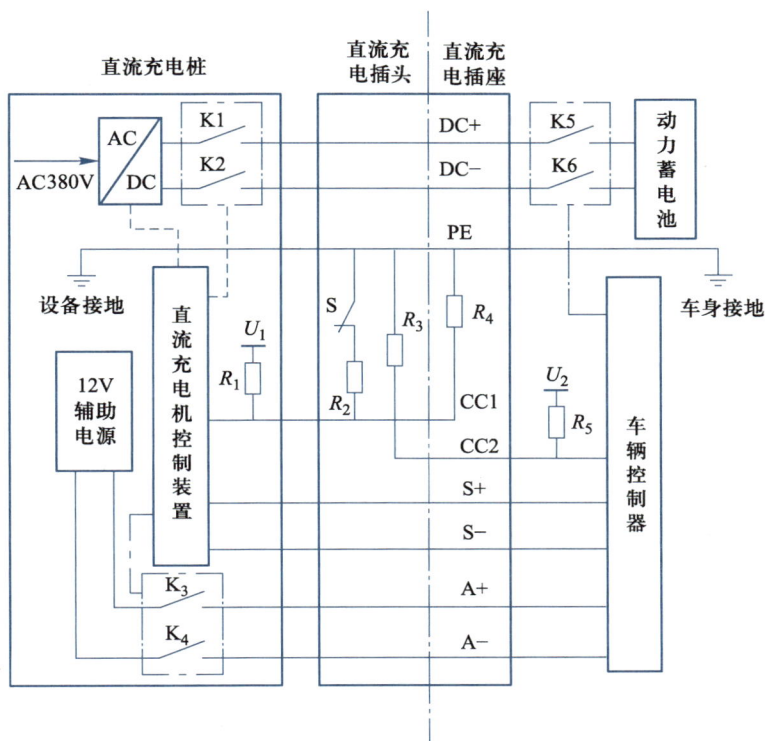

图 4-3-7 直流充电系统控制导引电路原理图

③ 充电阶段：车辆控制装置闭合开关 K_5、K_6，直流充电桩验证充电条件是否满足，即与原数据通信相比电压差小于 5%，并且车辆电池电压处于充电机最高输出电压与最低输出电压之间，直流充电桩控制开关 K_1、K_2 闭合，形成直流充电回路。在充电过程中，车辆与直流充电桩会通过 S+、S− 端子持续地进行数据通信，并发送实时充电需求，按照动力蓄电池充电状态及时调整充电电压和充电电流。

④ 结束阶段：车辆控制装置实时监测动力蓄电池的充电状态或通过是否收到"充电机中止充电报文"的指令来判断是否完成充电。当满足充电完成的条件，或者接收到驾驶人的停止充电指令时，系统确认充电电流小于 5 A 后，车辆控制装置断开开关 K_5、K_6，直流充电桩控制装置断开开关 K_1、K_2，最后断开开关 K_3、K_4，完成充电过程。

引导问题3：新能源汽车直流充电系统常见的故障有哪些？如何进行检修？

三、直流充电系统常见故障的诊断与排除

1. 常见故障

（1）直流充电桩显示车辆未连接

故障排除如下：

① 检查快充接口 CC1 与 PE 是否存在 1000 Ω 电阻。

② 检查快充接口导电层是否脱落。

③ 检查充电枪 CC2 与 PE 是否导通。

（2）用故障诊断仪读取数据，显示动力蓄电池继电器未闭合。

故障排除如下：

① 检查直流充电桩输出正极唤醒信号是否正常。

② 检查直流充电桩输出负极唤醒信号与 PE 是否导通。

③ 检查直流充电桩 CAN 通信是否正常。

（3）用故障诊断仪读取数据，显示电池继电器正常闭合，但无输出电流。

故障排除如下：

① 检查直流充电桩与动力蓄电池管理系统软件版本是否匹配。

② 检查高压插接器及线缆是否正确连接。

③ 用故障诊断仪查看充电监控状态。

2. 典型案例分析

案例：快充无法充电。具体表现为：起动充电后，车辆高压继电器反复吸合，过后，充电终止，充电桩显示高压连接故障。

（1）故障原因分析

① 初步分析，造成 CC2 电压过低的原因可能是充电枪电阻不正常、CC2 受电磁干扰影响、电池管理系统采集 CC2 电压不正常。

② 测量充电枪电阻，阻值为 1000 Ω，正常。

观察周边设施及车辆情况，受电磁干扰的可能性比较小，因而判断电池管理系统工作不正常导致电池管理系统采集的 CC2 电压不正常的可能性比较高。

③ 测量车端 A+电压，发现只有 8 V 左右，因此怀疑 A+电压过低导致电池管理系统工作不正常，取 12 V 蓄电池的电来模拟充电桩 A+，发现 CC2 电压正常，车辆可以正常充电。

（2）故障排除

① 直流充电桩低压电源模块空载时输出电压为 13 V 左右，带载时（负载功率 40 W 以内，远小于电源模块的额定功率 150 W），输出电压为 10 V 左右（直接在电源模块的输出端口测量），但是在充电枪端测量电压值为 8 V 左右，从电源模块输出端到充电枪端，有 2 V 左右的压降，测量此段线束阻值，为 0.7 Ω，阻值过大。

② 将 150 W 电源模块更换为 350 W 电源模块，并调高模块输出电压后，CC2 电压正常，车辆均可正常快充。

（3）结论

① 充电桩电源模块低负载工作时，工作电压只有 10 V 左右，电压过低。

② 充电桩低压电源线束（电源模块输出端至快充插头之间）电阻过大，达到 0.7 Ω，造成 A+压降（2 V 左右）过大。

任务实训

实训一　吉利几何 A 汽车直流充电系统认知与充电操作

1. 实训要求

本次实训任务主要学习新能源汽车直流充电系统的认知及充电操作。具体内容和要求包括以下两个方面：

① 完成直流充电系统的认知与更换。

② 完成纯电动汽车直流充电操作。

2. 实训准备

① 安全防护装备：工作服、绝缘安全鞋、护目镜、安全帽、绝缘手套等。

② 车辆、台架、总成：吉利几何 A 纯电动汽车整车或台架，或其他纯电动汽车整车或台架。

③ 专用工具、设备：绝缘拆装组合工具。

④ 手工工具：新能源汽车维修组合工具。

⑤ 辅助材料：高压维修警示牌和设备、绝缘地垫、干粉灭火器、清洁剂等。

⑥ 参考资料：几何 A 纯电动汽车维修手册、电路图册等。

3. 注意事项

① 禁止未参加过该车型高压系统知识培训的维修人员拆解高压系统（包括手动维修开关、动力蓄电池、驱动电机、电力电子箱、高压配电单元、高压线束、空调压缩机、交流充电接口和交流充电线、快速充电接口、电加热器、慢速充电器等）。

② 在开始维修作业前，维修人员必须穿戴好高压安全保护用具：戴好绝缘手套，穿好高压绝缘安全鞋。在戴绝缘手套前，必须要检查绝缘手套是否有破损，要确保绝缘手套无绝缘失效。

③ 当拆解或装配高压配件时，必须断开 12 V 电源，如果整车动力蓄电池上设有手动维修开关的，还必须断开维修开关。

4. 实施步骤

（1）直流充电插座线束总成的更换

下面介绍几何 A 纯电动汽车直流充电插座线束总成的拆卸与安装。

① 关闭点火开关，车辆静置 5 min 以上。

② 打开前机舱盖，拆卸前机舱装饰罩。

③ 断开蓄电池负极电缆。

④ 断开直流母线（充电机侧）。

视频

充电线束拆装

⑤ 拆卸动力蓄电池底护板。

⑥ 拆卸左后轮罩挡泥板。

⑦ 断开动力蓄电池上的直流充电高压线束插接器，如图 4-3-8 所示。

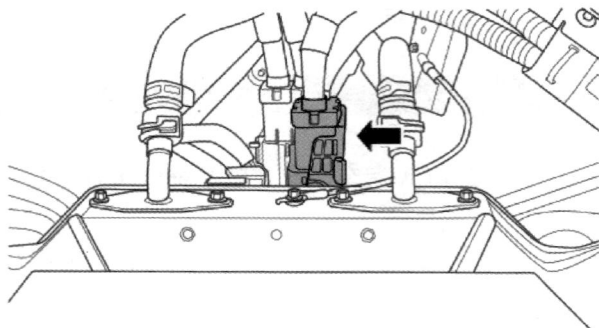

图 4-3-8　直流充电高压线束插接器

⑧ 拆卸直流充电线束后部支架一颗紧固螺母 1 和两颗固定螺栓 2，如图 4-3-9 所示。

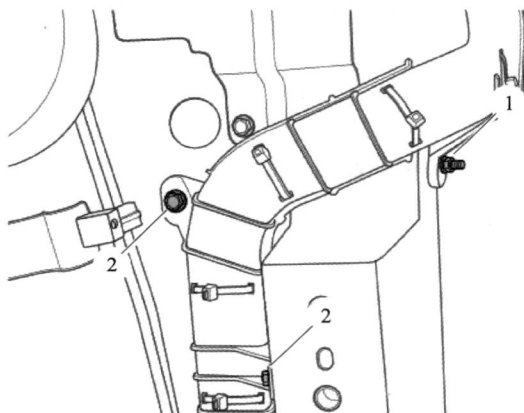

图 4-3-9　直流充电线束后部支架

⑨ 拆卸直流充电线束前部支架一颗紧固螺母 1 和三颗固定螺栓 2，如图 4-3-10 所示。

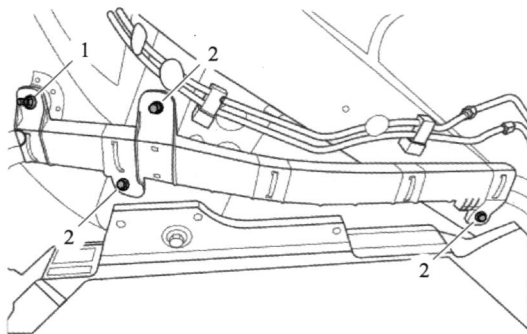

图 4-3-10　直流充电线束前部支架

⑩ 断开直流充电插座低压线束插接器 1，如图 4-3-11 所示。

⑪ 拆卸直流充电插座搭铁线固定螺栓 2，并脱开图 4-3-11 中箭头所示的六个线束卡扣。

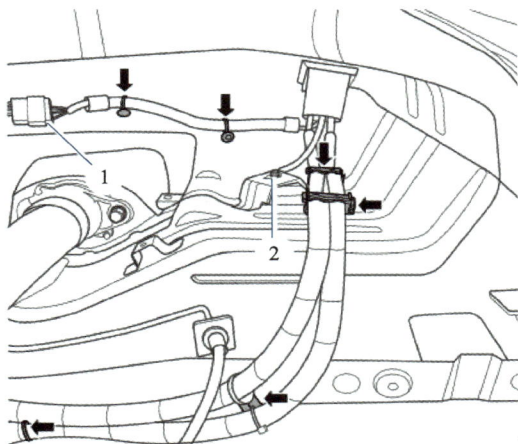

图 4-3-11　直流充电插座搭铁线固定螺栓及线束卡扣

⑫ 打开直流充电接口盖，撬开直流充电接口盖的四个内固定卡扣，如图 4-3-12 所示。

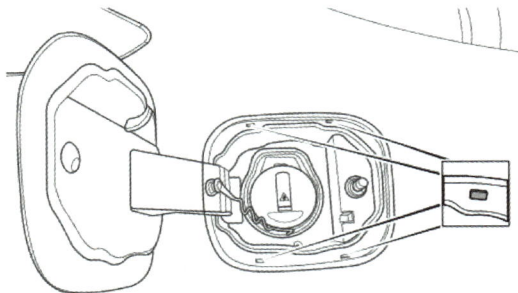

图 4-3-12　直流充电接口盖内固定卡扣

⑬ 拆卸直流充电插座四颗固定螺栓，如图 4-3-13 所示。

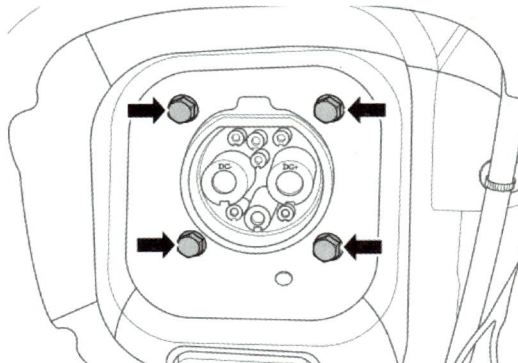

图 4-3-13　直流充电插座固定螺栓

⑭ 脱开图4-3-14中箭头所示直流充电插座的六个线束卡扣，取出直流充电插座线束总成。

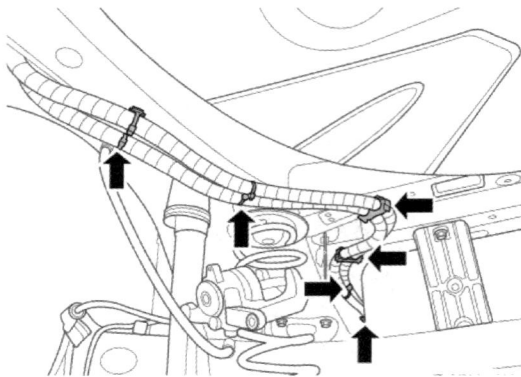

图4-3-14　直流充电插座线束卡扣

⑮ 安装直流充电插座线束总成的顺序以与拆卸相反的顺序进行即可。需要注意的是，安装直流充电插座线束总成固定螺栓，搭铁线固定螺栓及直流充电线束支架紧固螺母、固定螺栓时需按9 N·m的标准力矩进行紧固。

（2）纯电动汽车直流充电操作

下面以市场上某款主流直流充电桩为例，介绍采用直流充电桩充电的操作方法。该设备主要用于纯电动汽车直流快充，该产品集功率变换、充电控制、人机交互控制、通信及计费计量等于一体，且具有良好的防尘、防水功能，防护等级达到 IP54，可在户外安全运营维护。

① 插枪上电后的默认初始界面如图 4-3-15 所示，单击"开始充电"，则跳转到下一界面。

图4-3-15　插枪上电后的默认初始界面

② 单击"开始充电"后跳转到提示"请连接充电枪"界面，连接充电枪后则跳转到下一界面，可选择充电模式，如图 4-3-16 所示。

图 4-3-16　选择充电模式

③ 如果选择自动充满模式，则自动跳到提示用户刷卡的界面（图 4-3-17），如果选择其他模式充电，则需要对模式做简单设定。

图 4-3-17　刷卡启动充电

④ 图 4-3-18 所示为几种充电模式的界面，分别是"时间模式""金额模式""电量模式""功率模式"，单击输入框可进行设置。

图 4-3-18　几种充电模式的界面

⑤ 刷卡后进入充电状态，会有简单的充电信息在界面上显示，如图 4-3-19 所示。

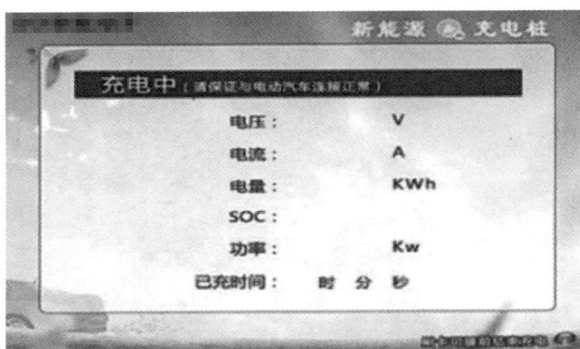

图 4-3-19　进入充电状态

⑥ 自动充电结束后的界面状态，有简单的提示信息界面，刷卡后跳到下一界面，如果直接刷卡结束，则直接显示下一界面，如图 4-3-20 所示。

图 4-3-20　自动充电结束的提示信息

5. 实训工单

任务三： 直流充电系统认知与检修	小组人员：	
班级：	学号：	指导教师签字：
日期：		

实训一　吉利几何 A 汽车直流充电系统认知与充电操作

车型：	年次：	SOC：

VIN：

任务要求：
① 实车操作应低压可靠断电、禁止高压上电。
② 在操作过程中应注意严防触电、规范使用工量具。
③ 能完成直流充电系统主要部件的拆卸和装配。
④ 设备、工位隔离，禁止无关人员进入

1. 工具、量具

2. 维修资料及辅助材料

3. 制订工作计划及人员分工

4. 工作现场安全准备、检查

作业：吉利几何 A 汽车直流充电系统认知

拆装步骤		拆装技术要求/注意事项		结果评价
拆	装	拆	装	
				正常□　损坏□
				正常□　损坏□
				正常□　损坏□
				正常□　损坏□
				正常□　损坏□
				正常□　损坏□
				正常□　损坏□

续表

作业：吉利几何 A 汽车直流充电系统充电操作	
1）车辆停放位置是否合理	是□　否□
2）充电连接装置是否完好	是□　否□
3）现场作业环境是否安全	是□　否□
4）起动开关位置	ACC□　ON□　OFF□
5）挡位位置	R□　N□　D□　P□
6）查看直流充电接口位置，钥匙解锁并打开充电接口	正常弹开□ 无法弹开□
7）检查充电接口外观	外观正常□ 存在异物□
8）连接充电桩电源端	紧固连接□ 连接松动□
9）连接充电枪	紧固连接□ 连接松动□
10）刷卡/扫码/无须操作	已执行□　未执行□
11）电子锁电动机（锁定声音）	已落锁□　未落锁□
12）充电桩指示灯	电源□　　连接□ 充电□　　故障□
13）仪表充电电压	（　　　）V
14）仪表充电电流	（　　　）A
15）仪表充电连接指示灯	点亮□　熄灭□
16）仪表充电状态指示灯	点亮□　熄灭□
17）仪表故障信息	无□　有□
18）刷卡/扫码/解锁，停止充电	已执行□　未执行□
19）复位充电枪	已执行□　未执行□
20）关闭充电接口盖板，清理场地	已执行□　未执行□

5. 是否进行零部件基本检查及清洁

6. 总结本次任务重点

7. 本次任务存在的问题及解决方法

实训二　吉利几何 A 汽车直流充电系统故障诊断与维修

1. 实训要求

本次实训任务主要学习新能源汽车直流充电系统故障诊断与维修。具体内容和要求主要包括以下两个方面：

① 完成直流充电系统的检测与维修。

② 完成直流充电系统的故障诊断。

2. 实训准备

① 安全防护装备：工作服、绝缘安全鞋、护目镜、安全帽、绝缘手套等。

② 车辆、台架、总成：吉利几何 A 纯电动汽车整车或台架，或其他纯电动汽车整车或台架。

③ 专用工具、设备：绝缘拆装组合工具。

④ 手工工具：新能源汽车维修组合工具。

⑤ 辅助材料：高压维修警示牌和设备、绝缘地垫、干粉灭火器、清洁剂等。

⑥ 参考资料：几何 A 纯电动汽车维修手册、电路图册等。

3. 注意事项

① 禁止未参加过该车型高压系统知识培训的维修人员拆解高压系统（包括手动维修开关、动力蓄电池、驱动电机、电力电子箱、高压配电单元、高压线束、空调压缩机、交流充电接口和交流充电线、快速充电接口、电加热器、慢速充电器等）。

② 在开始维修作业前，维修人员必须穿戴好高压安全保护用具：戴好绝缘手套，穿好高压绝缘安全鞋。在戴绝缘手套前，必须要检查绝缘手套是否有破损，要确保绝缘手套无绝缘失效。

③ 当拆解或装配高压配件时，必须断开 12 V 电源，如果整车动力蓄电池上设有手动维修开关的，还必须断开维修开关。

4. 实施步骤

（1）检查直流充电接口总成高压线束

① 拔出直流充电接口总成的高压插接件，如图 4-3-21 所示。

图 4-3-21　直流充电接口总成的高压插接件

② 测试正负极电缆是否导通，如图 4-3-22 所示。

图 4-3-22　测试正负极电缆的导通性

以上检查结果正常，进行下一步检查，不正常则更换直流充电接口。

（2）检查直流充电接口总成低压线束

吉利几何 A 汽车直流充电接口总成低压电路图如图 4-3-23 所示。

① 将起动开关置于 OFF 位置。

② 拔出电池管理器低压插接件 CA70。

③ 用万用表检查电池管理系统插接件 CA70 与充电接口端子 BV20 的导通情况。

相关标准值见表 4-3-2，检查结果正常，进行下一步检查，不正常则更换线束。

表 4-3-2　测量位置及对应的标准值

测 量 位 置	标准值/Ω
CA70/3 与 BV20/7（CC2 信号）	小于 1
CA70/1 与 BV20/4（S+：CAN_H）	小于 1
CA70/2 与 BV20/5（S+：CAN_L）	小于 1
CA70/4 与 BV20/8（A+：低压辅助电源+）	小于 1
CA70/5 与 BV20/9（A+：低压辅助电源-）	小于 1
CC1 与车身接地	1000±30

（3）直流充电回路故障的诊断与排除

① 电路图。直流充电回路的电路图如图 4-3-24 所示。

② 诊断步骤。

a. 连接故障诊断仪，读取故障码。

操作起动开关使电源模式置于 ON 状态。

连接故障诊断仪，读取系统故障码。

确认系统是否存在其他故障码。

电池管理系统

CHARGE CAN_H	CHARGE CAN_L	O CHARGER CC2	O WAKEUP	WAKEUP GND	CHARGER PORT N TEMP+	CHARGER PORT N TEMP-	CHARGER PORT A TEMP-	CHARGER PORT A TEMP+
1 CA70	2 CA70	3 CA70	4 CA70	5 CA70	11 CA70	12 CA70	10 CA69	9 CA69

R/G　R/W　B/G　R/B　R/Y　W/G　B/Y　B/W　B/G

| 23 CA06f | 7 CA06f | 19 CA06f | 18 CA06f | 2 CA06f | 10 CA06f | 15 CA06f | 22 CA06f | 11 CA06f |
| 23 SO06c | 7 SO06c | 19 SO06c | 18 SO06c | 2 SO06c | 10 SO06c | 15 SO06c | 22 SO06c | 11 SO06c |

Y/L　Y/B　G　R/B　R/Y　W/G　W/Y　B/W　B/G

| 17 SO77g | 12 SO77g | 18 SO77g | 2 SO77g | 11 SO77g | 5 SO77g | 6 SO77g | 4 SO77g | 3 SO77g |
| 17 SO80f | 12 SO80f | 18 SO80f | 2 SO80f | 11 SO80f | 5 SO80f | 6 SO80f | 4 SO80f | 3 SO80f |

R　B　O　R　B　Gn/B　B/L　B/W　R/W

| 4 SO83 | 3 SO83 | 5 SO83 | 2 SO83 | 1 SO83 | 8 SO83 | 7 SO83 | 10 SO83 | 11 SO83 |
| 4 BV21 | 3 BV21 | 5 BV21 | 2 BV21 | 1 BV21 | 8 BV21 | 7 BV21 | 10 BV21 | 11 BV21 |

L　Br　G　R　B　Gr　Gr　B　B

| 4 BV20 | 5 BV20 | 7 BV20 | 8 BV20 | 9 BV20 | | | | |
| B+ | B- | CC2 | A+ | A- | DC-3 | DC-4 | DC-2- | DC+1 |

直流充电插座

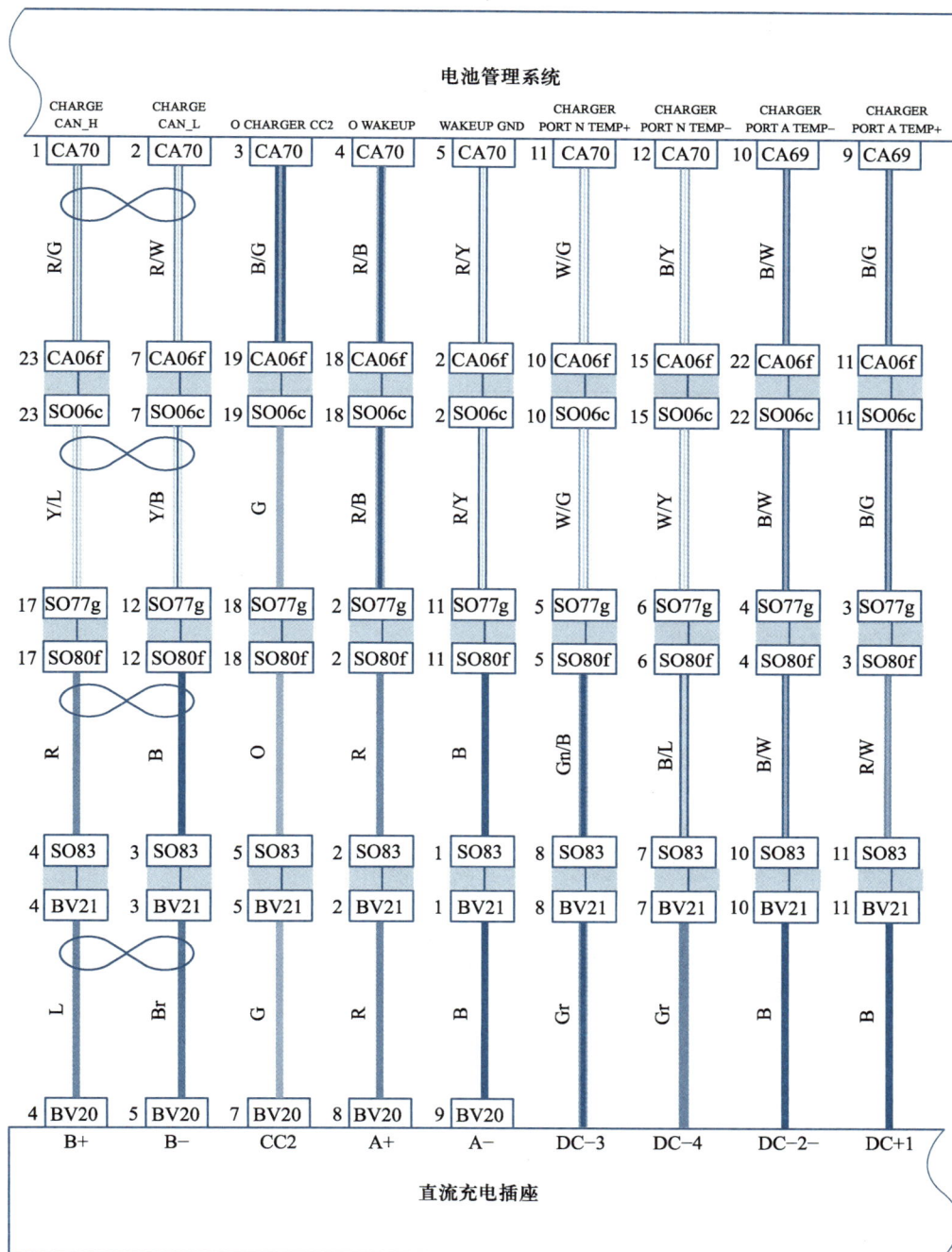

图 4-3-23　吉利几何 A 汽车直流充电接口总成低压电路图

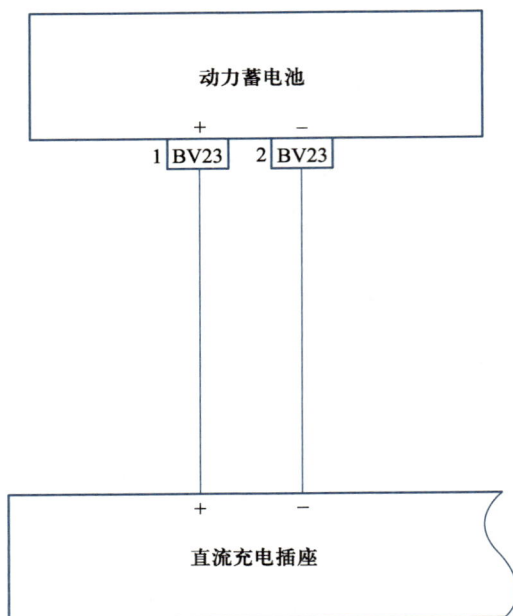

图 4-3-24   直流充电回路的电路图

> 是，则优先排除其他故障码指示故障。

> 否，则进行第②步。

b. 检查直流充电回路绝缘故障。

操作起动开关使电源模式置于 OFF 状态。

断开蓄电池负极电缆。

断开动力电池线束插接器 BV23。

将高压绝缘检测仪的档位调至 DC 500 V。

使用高压绝缘检测仪，根据表 4-3-3 测量各端子。

表 4-3-3   绝缘电阻标准值

测量端子 1	测量端子 2	标 准 值
BV23/1	车身接地	标准电阻：>20 MΩ
BV23/2	车身接地	

确认测量值是否符合标准。

> 是，则进行第③步。

> 否，则修理或更换线束。

c. 检查直流充电回路相互短路故障。

操作起动开关使电源模式置于 OFF 状态。

断开蓄电池负极电缆。

断开动力蓄电池线束插接器 BV23。

用万用表测量动力蓄电池线束插接器 BV23 端子 1 与端子 2 之间的电阻。标准电阻为 20 MΩ 或者更高。

确认测量值是否符合标准。

➢ 是，则进行第④步。

➢ 否，则修理或更换线束。

d. 更换直流充电插座。

更换直流充电插座。

确认系统是否正常。

➢ 是，则系统正常。

➢ 否，则进行第⑤步。

e. 更换动力蓄电池。

更换动力蓄电池。

确认故障排除。

f. 诊断结束。

5. 实训工单

任务三： 直流充电系统认知与检修	小组人员：	
班级：	学号：	指导教师签字：
日期：		
实训二　吉利几何 A 汽车直流充电系统故障诊断与维修		
车型：	年次：	SOC：
VIN：		
任务要求： ① 实车操作应低压可靠断电、禁止高压上电。 ② 操作过程中应注意严防触电、规范使用工量具。 ③ 能完成直流充电系统主要部件的拆卸和装配。 ④ 设备、工位隔离，禁止无关人员进入		
1. 工具、量具		
2. 维修资料及辅助材料		
3. 制订工作计划及人员分工		

续表

4. 工作现场安全准备、检查

作业：吉利几何 A 汽车直流充电系统故障诊断与维修

故障现象确认		
部件/电路检测	部件/电路范围	结果评价
		正常□　不正常□
		正常□　不正常□
		正常□　不正常□
		正常□　不正常□
		正常□　不正常□
		正常□　不正常□
		正常□　不正常□
		正常□　不正常□
故障点确认		

5. 是否进行零部件基本检查及清洁

6. 总结本次任务重点

7. 本次任务存在的问题及解决方法

知识拓展

电动汽车无线充电技术

　　为了节约能源，减少环境污染，电动汽车在世界各国得到大力推广。由于电池容量及充电基础设施等条件的限制，充电问题成为电动汽车发展过程中面临的最主要的瓶颈。

由于无线充电技术可以解决传统传导式充电面临的接口限制、安全问题等而逐渐发展成为电动汽车充电的主要方式。然而，静态无线充电与有线充电一样，存在着充电频繁、续驶里程短、电池用量大且成本高昂等问题。特别是对于电动公交车一类的公交车辆，其连续续航能力格外重要。在这样的背景下，电动汽车动态无线充电技术应运而生，通过非接触的方式为行驶中的电动汽车实时地提供能量。

电动汽车无线充电技术通过埋于地面下的供电导轨以高频交变磁场的形式将电能传输给运行在地面上一定范围内的车辆接收端电能拾取机构，进而给车载储能设备供电，可使电动汽车搭载少量电池组，延长其续驶里程，同时电能补给变得更加安全、便捷。动态无线供电技术的主要参数指标有电能传输距离、功率、效率、耦合机构侧移适应能力、电磁兼容性等。因而，开发大功率、高效率、强侧移适应能力、低电磁辐射、成本适中的动态无线供电系统，成为国内外各大研究机构当前的主要研究热点。

任务练习

一、选择题

1. 关于快充插头，说法有误的是（　　　）。

A. DC+为直流电源正　　　　　　　　B. DC−为直流电源负

C. S+为充电确认线　　　　　　　　　D. A+为低压辅助电源正

2. 下面属于常规充电模式的特点是（　　　）。

A. 可充分利用电力低谷时段进行充电，降低充电成本

B. 充电时间短

C. 充电时间长

D. 可提高充电效率和延长电池的使用寿命

3. 不属于充电未连接的检修方法的是（　　　）。

A. 检查快充接口 CC1 端与 PE 端是否存在 1000 Ω 电阻

B. 检查快充接口导电层是否脱落

C. 检查充电枪 CC2 与 PE 是否导通

D. 检查充电桩与动力电池管理系统软件版本是否匹配

二、判断题

1. 充电桩作为新能源汽车充电系统的配套设施，分为交流充电桩和直流充电桩。其中，交流充电桩俗称"快充"，直流充电桩俗称"慢充"。（　　　）

2. 新能源汽车动力蓄电池充电的方式主要有快速充电（交流快充）和常规充电（直流慢充）。（　　　）

3. 除了新能源汽车自身的故障原因外，充不了电也可能是由于充电接口和通

信协议两个方面的原因。(　　)

4. 拆装充电接口，必须戴绝缘手套。(　　)

三、简答题

1. 简述新能源汽车直流充电系统的结构。
2. 简述直流充电系统的工作原理。
3. 简述新能源汽车直流充电系统常见的故障及检修方法。

【工匠故事】

深海钳工　专注筑梦

港珠澳大桥是粤港澳首次合作共建的超大型跨海交通工程，其中岛隧工程是大桥的控制性工程，也是目前世界上在建的最长公路沉管隧道。工程采用世界最高标准，设计、施工难度均为世界之最，被誉为"超级工程"。

在这个超级工程中，有位普通的钳工大显身手，成为明星工人。他就是管延安，中交港珠澳大桥岛隧工程 V 工区航修队首席钳工。经他安装的沉管设备，已成功完成 18 次海底隧道对接任务，无一次出现问题。接缝处间隙误差做到了"零误差"标准。因为操作技艺精湛，管延安被誉为中国"深海钳工"第一人。

零误差来自近乎苛刻的认真。管延安有两个多年养成的习惯。一是给每台修过的机器、每个修过的零件做笔记，将每个细节详细记录在个人的"修理日志"上，遇到什么情况、怎么样处理都"记录在案"。从入行到现在，他已记录了厚厚四大本，闲暇时他都会拿出来温故知新；二是维修后的机器在送交前，他都会检查至少三遍。正是这种追求极致的态度，不厌其烦地重复检查、练习，练就了管延安精湛的操作技艺。

管延安说："我平时最喜欢听的就是锤子敲击时发出的声音。"20 多年钳工生涯，有艰难困苦，但他也深深地体会到了其中的乐趣。

参考文献

[1] 崔胜民 . 新能源汽车概论 [M].4 版 . 北京：北京大学出版社，2022.

[2] 徐艳民 . 电动汽车动力电池及电源管理 [M]. 北京：机械工业出版社，2022.

[3] 许云，赵良红 . 新能源汽车动力电池及充电系统检修 [M]. 北京：机械工业出版社，2018.

[4] 刘明岩，李健 . 新能源汽车概论 [M]. 武汉：华中科技大学出版社，2019.

[5] 简斌，周世琼，罗全 . 新能源汽车电池及管理系统检修 [M]. 北京：航空工业出版社，2021.

[6] 杜慧起，李晶华 . 新能源汽车动力电池技术 [M]. 北京：机械工业出版社，2021.

[7] 王强，李楷，孙兵凡 . 新能源汽车维护与故障诊断 [M]. 北京：机械工业出版社，2020.

读者意见反馈

为收集对教材的意见建议，进一步完善教材编写并做好服务工作，读者可将对本教材的意见建议通过如下渠道反馈至我社。

咨询电话　400-810-0598
反馈邮箱　gjdzfwb@pub.hep.cn
通信地址　北京市朝阳区惠新东街 4 号富盛大厦 1 座
　　　　　　高等教育出版社总编辑办公室
邮政编码　100029